传统体育
在小学体育教学中的价值与实施

主 编 ◎ 崔洪伟　　副主编 ◎ 刘广智

现代教育出版社
Modern Education Press

图书在版编目（CIP）数据

传统体育在小学体育教学中的价值与实施 / 崔洪伟
主编 . —北京：现代教育出版社，2019.1
ISBN 978-7-5106-6843-2

Ⅰ . ①传… Ⅱ . ①崔… Ⅲ . ①体育课－教学研究－小
学 Ⅳ . ① G623.82

中国版本图书馆 CIP 数据核字（2018）第 295976 号

传统体育在小学体育教学中的价值与实施

主　　编　崔洪伟
副主编　　刘广智

责任编辑：刘兰兰　曾亭元
装帧设计：中尚图
出版发行：现代教育出版社
地　　址：北京市朝阳区安华里 504 号 E 座
邮政编码：100011
电　　话：（010）64251036（编辑部）64256130（发行部）
印　　刷：炫彩（天津）印刷有限责任公司
开　　本：710mm×1000mm　1/16
印　　张：7
字　　数：114 千字
版　　次：2019 年 1 月第 1 版
印　　次：2019 年 1 月第 1 次印刷

书　　号：ISBN 978-7-5106-6843-2
定　　价：49.00 元

编委会名单

主　编：崔洪伟

副主编：刘广智

编　委：孙宝芳　刘海红　聂海峰　曹劲松　代春艳　潘　钢

　　　　马宏宇　李连河　王丽惠　韩德英　邢　妍　马志国

　　　　王　腾　岳金辉　张俏珍　张晓波　冯菲菲　毕　超

　　　　程立军　李　震　宋红蕾　吴慧娟　张　鹏　李春艳

　　　　张　雪　侯实诚　赵　航

序 言

　　为了贯彻"健康第一"的指导思想，培养学生终身体育的意识，切实提高学生的身体素质，塑造学生的健康人格。我校于 2015 年开始将校园体育文化作为校园文化的重要组成部分开展了实践研究，并于 2016、2017 年分别立项了"基于传统体育项目的校园体育文化的构建"区级重点课题和市级学会课题。

　　在课题研究过程中，我们以传统体育项目为切入点，通过网络检索、文献研究、实地走访、专家访谈等形式，挖掘半个世纪前通州孩子们的体育游戏，根据游戏的组织形式、运动特点，按照走跑、跳跃、投掷、对抗、表演五个类别整理成册，构筑了课题研究的基础。在传统体育游戏挖掘整理的过程中，我们不禁产生了这样的疑问："踢毽子""打尜儿""撞拐""跳房子""打花棍"等 50 年前流行的体育游戏还适应新时代的发展吗？它们对学生的身心发展有哪些作用？如何才能融入学校体育工作中？

　　基于以上的考量，课题组编写了《传统体育在小学体育教学中的价值与实施》一书，在这本书中记录了传统体育游戏的历史传承、组织形式，分析了游戏的锻炼价值、文化内涵，探索了在校园体育文化中的实施路径，从而达到以民族传统文化培育学生魂魄，以传统体育磨炼学生体魄的教育目的。

编　者

2018 年 10 月

目 录

第一部分 传统体育游戏

第一章 走跑类传统体育游戏

第一节 滚铁环

一、历史起源

滚铁环是一种中国汉族传统游戏，在二十世纪六七十年代盛行于全国，直到九十年代末完全消失。铁环通常是用一根细铁丝弯成一个直径约 66 厘米的圆圈制成，然后用一个半圆的钩作"车把"。讲究者还会在铁环上套上数个小环，铁环滚起来时，小环会在铁环上滚动，发出悦耳的声音。比谁跑得快时，几个人同时出发，滚着铁环拼命往前跑，快者胜；比谁慢时，停在原地不动，必须保证铁环不倒，时间长者胜。

二、游戏方法

玩法是用铁钩推动铁环向前滚动，以铁钩控制其方向，可直走、拐弯。控制铁环有一定的难度，需要一定的技巧。滚铁环的技术一学就会。个人活动、集体竞赛均可。有 50 米或 100 米竞速，有 100 米障碍（如绕树丛、过独木桥），4×100 米接力等比赛项目等。滚铁环是项深受少年儿童喜爱的运动项目，自娱性强，还可以锻炼人的协调能力和平衡能力。因滚铁环是一项有益于身心健康的民族传统体育运动项目，民族体育运动会的竞赛项目中，一直保留着这一传统项目。

三、锻炼价值

荷兰的运动专家在 1976 年指出滚铁环比赛有助于提高人体的平衡性、肢体的协调以及眼力等。滚铁环可以练习平衡能力和身体的协调性，也可以提高四肢活动能力，最重要的是它让我们有一个无忧的童年。在各种电子游戏泛滥的时代，一味开发儿童智力的同时，大多数家长却忽视了对孩子体格上的训练。同时，市场上能让孩子运动起来的玩具很少，少数的几种也是价格很高

且玩法复杂，受场地限制不太实用。相比之下，廉价而又方便实用的铁环，不限场地，随处可玩，运动量大而又灵活多变，能让孩子在游戏中运动，在运动中成长，给他强健的体魄，灵巧的身躯，顽强的意志和过人的精力。

第二节　放风筝

一、历史起源

风筝，古时称为"鹞"，北方谓"鸢"。大多数人认为风筝起源于中国，而后广传于全世界，是一种传统的民间工艺品。中国最早出现的风筝是用木材制成的。春秋战国时期，东周哲人墨翟（约公元前476—390年），曾"费时三年，以木制木鸢，飞升天空"。墨子在鲁山（今山东潍坊境内），"斫木为鹞，三年而成，飞一日而败"。这是说墨子研究试制了三年，终于用木板制成了一只木鸟，但只飞了一天就坏了。墨子制造的这只"木鹞"就是中国最早的风筝，也是世界上最早的风筝。直至东汉期间，蔡伦发明造纸术后，坊间才开始以纸做风筝，称为"纸鸢"。因此可以推断，中国风筝已有两千年以上历史了。开封、北京、天津、潍坊、南通、阳江并称中国六大传统风筝产地。潍坊市被各国推崇为"世界风筝之都"。

二、北京的风筝文化

北京的风筝文化相传已有三百多年历史。清《帝京岁时纪胜》记载了当时倾城男女"各携纸鸢"，清明扫墓后施放较胜的盛况。近人沈太侔《春明采风志》载："常行沙燕，一尺以至丈二，折竹结架，作燕飞式，纸糊，绘青蓝色，中按提线三根，大者背着风琴或太平锣鼓，以索绕，顺风放起，昼系线条，夜系红灯，儿童仰首追逐，以泄内之积热，盖有所取意也。三尺以上，花样各别，哪吒、刘海、哈哈三圣、两人闹戏、蜈蚣、鲇鱼、蝴蝶、蜻蜓、三阳开泰、七鹊登枝之类。其最奇者，雕与鹰式，一根提线翔空中，遥睹之，逼真也。"

通州作为京东重镇，彼临天津，漕运发达，自古就有放风筝传统。目前此项运动愈发盛行，运河文化广场、运河森林公园、漕运码头等地都是放风筝的好去处。通州区永乐店镇临沟屯村制作的风筝远近闻名，已经成为风筝制作专业村。

三、游戏方法

一个人拿好风筝，用手抓住风筝骨架的中心条，站在风筝背后或侧后，将风筝举起。使风筝略向前倾斜 5~10 度，往前跑。另一个人右手拿线拐，左手拿风筝线，并把线慢慢放出 10~20 米，线要拉紧，等到风力适宜时，持风筝的人轻轻一松手，拿线的人随着风筝上升的方位和风势，不断调整自己站的位置，并调整放线的速度和长度，使风筝借助人的拉力和风力冲上蓝天。

拿线的人分几次把线放出 180~200 米，待风筝飞到天上就平稳了。

风筝停止放飞回收线时，绝不能操之过急，要顺着风势和风筝的方位不断调整，慢慢地把线绕到线拐上。注意别把线拉断。当风筝快要落地时，另一个人要把握时机，接好风筝，免得风筝直接摔在地上造成损坏。

四、锻炼价值

在明媚的春光里踏青放风筝，可以舒展筋骨，让身体随着放飞的风筝不停地移动，从而活动四肢百骸。同时，由于尽情呼吸着新鲜空气，吐故纳新，能促进人体的新陈代谢，改善血液循环状态，从而消除冬日气血瘀积，达到祛病健身之功效。此外，放风筝时，双眼面对蓝天，飞行的风筝千姿百态，可以消除眼肌疲劳，调节和改善视力，预防近视和弱视。放风筝也是一项健脑运动，需要全身心地投入，仅仅处理好放风筝和风向风速的关系，就得让放飞者动一番脑筋。放风筝能使人情绪开朗、心境愉悦。放飞时，大脑高度集中，无疑会消除内心杂念，放飞者极目蓝天，其心胸也会感到开阔。此外，春季草长莺飞，触目皆景，放飞风筝，如同一次人与自然的美好对话。

五、文化内涵

《村居》

清　高鼎

草长莺飞二月天，拂堤杨柳醉春烟。儿童散学归来早，忙趁东风放纸鸢。

《纸鸢》

唐　元稹

有鸟有鸟群纸鸢，因风假势童子牵。去地渐高人眼乱，世人为尔羽毛全。
风吹绳断童子走，余势尚存犹在天。愁尔一朝还到地，落在深泥谁复怜。

《风筝》

唐　高骈

夜静弦声响碧空，宫商信任往来风。依稀似曲才堪听，又被风吹别调中。

第三节　木头人

一、游戏方法

　　5~8人一组，分成若干个小组。游戏前，一组人同时参加，先以猜拳的方式决定抓人者，然后同组的人在本组界限内四散跑开以防被抓人者抓住，若快被抓住时可大喊"木头人"。然后就变成了"木头人"静止不动，必须被其他被抓者摸一下，"木头人"才被解救恢复自由。如果被人抓到，来不及喊"木头人"，那就换你做抓人者。抓人者直到把小组全部组员定住或抓住一个没有喊"木头人"的即可交换抓人者。

二、游戏规则

　　确定界限后，在跑动过程中出界算犯规。

　　抓人者拍到被抓的同伴身体任何部位就算抓住，不能推人，以防推倒受伤。

　　场地要求：根据游戏人数多少可划定场地大小。

三、锻炼价值

　　发展学生灵敏与速度素质，提高学生的快速反应与应变能力以及快速奔跑能力，培养学生团结协作精神。

第四节　舞狮

一、舞狮的起源

　　舞狮是一种中国民间传统表演艺术。表演者在锣鼓音乐下，装扮成狮子的样子，做出狮子的各种形态动作。在中国民俗传统中，认为舞狮可以驱邪辟鬼。故此每逢喜庆节日，例如新张庆典、迎春赛会等，都喜欢打锣打鼓，舞狮助庆。舞狮亦跟随着华人移居海外而闻名世界，马来西亚、新加坡等地相当盛行舞狮。聚居欧美的海外华人亦组成不少醒狮会，每年的春节或重大喜庆节日，他们都会在世界各地舞狮庆祝。但中国大陆的民间舞狮实际已经日渐减少。

今天的舞狮主要分南狮、北狮两种。最初北狮在长江以北较为流行；而南狮则是流行华南、南洋及海外。近年亦有将二者融合的舞法，主要是用南狮的狮子，北狮的步法，称为"南狮北舞"！

二、舞狮的运动特点与分类

1. 北狮

北狮的造型酷似真狮，狮头较为简单，全身披金黄色毛。舞狮者（一般二人舞一头）的裤子、鞋都会披上毛，未舞时看起来已经是惟妙惟肖的狮子。狮头上有红结者为雄狮，有绿结者为雌狮。北狮表现灵活的动作，与南狮着重威猛不同。

2. 南狮

南狮又称醒狮，造型较为威猛，舞动时注重马步。南狮主要是靠舞者的动作表现出威猛的狮子形态，一般只会二人舞一头。狮头以戏曲面谱作鉴，色彩艳丽，制造考究；眼帘，嘴都可动。严格来说，南狮的狮头不太像是狮子头，有人甚至认为南狮较为接近年兽。

三、舞狮的练习动作与招式

1. 北狮一般是雌雄成对出现，由装扮成武士的主人前领。有时一对北狮会配一对小北狮，小狮戏弄大狮，大狮弄儿为乐，尽显天伦。北狮表演较为接近杂耍。配乐方面，以京钹、京锣、京鼓为主。

2. 南狮的舞动造型很多，有起势、常态、奋起、疑进、抓痒、迎宝、施礼、惊跃、审视、酣睡、出洞、发威、过山、上楼台，等等；舞者透过不同的马步，配合狮头动作把各种造型形象地表现出来。故此南狮讲究的是内在和神似。南狮有出洞、上山、巡山会狮、采青、入洞等表演方式。舞南狮时会配以大锣、大鼓、大钹。狮的舞动要配合音乐的节奏。舞南狮有时还会有一人扮作"大头佛"，手执葵扇带领。

四、舞狮的锻炼价值与教学应用

1. 分组跑比赛

把学生平均分成人数相等的四组，面向同一方向，每组的第一名同学站立，后面的学生依次弯腰（可以抱住前一名同学的腰），在听到口令后用最快的速度到达终点，最快到达的队伍获胜。第二次加大难度，每队要从标志物绕过后返回起点，最快的队伍与获胜，以锻炼学生的奔跑能力与身体协调性。

2. 舞狮跑

学生分成四组，第一名学生为狮头，四组学生交叉跑动，在跑动中加入舞狮动作，相互嬉戏。

此项活动可以锻炼学生的速度与灵敏度，培养学生的协调能力，传承民族传统文化，让学生在游戏中感受运动的快乐。

五、文化内涵

楹联

辗转腾挪雄狮舞财运；翻飞跳跃健汉庆太平。

《青玉案·元夕》
宋 辛弃疾

东风夜放花千树。更吹落，星如雨。

宝马雕车香满路。凤箫声动，壶光转，一夜鱼龙舞。

蛾儿雪柳黄金缕，笑语盈盈暗香去。

众里寻他千百度，蓦然回首，那人却在，灯火阑珊处。

第五节 骑马打仗

一、历史起源

骑马打仗是从古代生产和战争中演化而来的一种中国传统民间儿童游戏。它起源于中国古代生产和战争，表现了少年儿童在懵懂的心灵中对英雄的崇拜。唐朝李白在《长干行》中写道："郎骑竹马来，绕床弄青梅。"说的是小孩子拿竹竿当马骑，在房间里跑来跑去。稍大一些的孩子就不再骑竹马了，变成互相当马，骑在背上。

二、种类与规则方法

1.游戏方法

一个人背着另一个人,被骑的就是马。(1)主要在沙地上打。首先十几个孩子分成两队,然后自愿组合,两人一组,一般比较高大的孩子当马,把另一个背起来,然后两拨人就上马对冲。骑马的人可以用手拉扯对方,只要把人从马上拉下来或使对方连人带马一起摔到,对方这一对就得下场。直至对方一对都不剩。当马的孩子不准动手拉扯对方,但可以用身体去撞对方的马;(2)两人一组,骑马赛跑,听到哨声后快速出发,骑到终点把垫子摆放整齐,绕过小标志物,跑回后与第二人击掌接力,以此类推,先完成的队伍为胜。

2.改进措施

骑马打仗因其具有一定的危险性,容易造成学生运动损伤,所以在实际生活中也可以运用小体操垫或使用小木凳取代同伴当马。

3.游戏规则

(1)骑马者(乙)只能用手与对方搏斗,可以采用拽、拉、推等方法;

(2)马(甲)只能用脚,可以采用绊的方法,严禁用手参加搏斗,但可以用身体去撞对方的马;

(3)在双方搏斗过程中,可以采取躲避、逃跑,但马不能超出指定区域,骑马者也不能着地,哪一方骑马者先着地为输。

三、锻炼价值

骑马打仗既不需要专门场地,也不需要器械服装。有利于提高学生的快速反应能力,锻炼学生体魄,培养学生团结协作、勇猛顽强的品质。增强腰腿肌肉力量,提高平衡感和身体柔软度,培养学生团队合作精神。

四、文化内涵

《长干行·其一》

唐 李白

妾发初覆额,折花门前剧。郎骑竹马来,绕床弄青梅。

同居长干里,两小无嫌猜。十四为君妇,羞颜未尝开。

低头向暗壁,千唤不一回。十五始展眉,愿同尘与灰。

常存抱柱信，岂上望夫台。十六君远行，瞿塘滟滪堆。

五月不可触，猿声天上哀。门前迟行迹，一一生绿苔。

苔深不能扫，落叶秋风早。八月蝴蝶黄，双飞西园草。

感此伤妾心，坐愁红颜老。早晚下三巴，预将书报家。

相迎不道远，直至长风沙。

第六节　老鹰抓小鸡

一、历史起源

老鹰抓小鸡，俗称"黄鹂吃鸡"，又叫"黄鼠狼吃鸡"，是一种多人参加的益智娱乐游戏，在户外或有一定空间的室内进行，来源于民间生活、生产活动过程中人们的观察与生产经验。

二、游戏方法

以猜拳或其他形式定出老鹰、鸡妈妈、小鸡仔，鸡妈妈后面依次是小鸡仔。

老鹰不许推鸡妈妈，只能跑动避开，抓到鸡妈妈后面第三个以后的小鸡仔，即为一次游戏结束。鸡妈妈可以抓、拽、推、抱老鹰，需要张开双臂跑，尽量挡住老鹰。

鸡妈妈在拦的同时，可以大声喊着老鹰从哪边过来了等话语，告诉自己身后的小鸡仔们。鸡妈妈的身体为防止老鹰的捕捉，可以左右移动，在鸡妈妈身体左右移动的同时，鸡妈妈身后的小鸡仔们也向相同方向来转动。

小鸡仔依次抓住鸡妈妈或前面小鸡仔的衣服，跑动避开老鹰的抓捕。如小鸡仔们散开，即为一次游戏结束。下一次开始时，被抓住或散开的小鸡仔做老鹰。

游戏技巧：老鹰应该多做一些假动作，使鸡妈妈扑向一侧，这时便可以向另一侧发起攻击。鸡妈妈在短时间内一般无法反应过来，但老鹰却有很大机会抓到小鸡仔。老鹰适当地做一些吓人的动作，可以增加鸡妈妈和小鸡仔的心理压力，从而使其动作有所减慢。

鸡妈妈作为小鸡仔的"母亲"，要竭尽全力地保护小鸡仔，准确判断老鹰的行动就很重要。另外，鸡妈妈突然甩向一侧，小鸡仔一般会被甩向反方向，这时老鹰就有可能抓到小鸡仔，所以千万不要作大动作。

三、锻炼价值

这种游戏，对锻炼学生灵敏性和协调能力，培养学生合作练习与合作意识有一定的促进作用。攻守双方来回跑动，能起到锻炼身体的效果；同时小鸡仔们齐力躲避老鹰的追击，也能培养大家的团结互助意识。当鸡妈妈能够锻炼其责任感。

第七节　丢手绢

一、历史起源

丢手绢起源于公元 1243 年左右，由黎族人民所创，后来由黄道婆带到了上海，并很快传到中原地区。手绢也叫手帕，是随身携带的小块方形织物，用来擦汗或擦鼻涕等，由头巾演化而来。现在逐渐被纸巾替代。二十世纪中叶，手绢是每个孩子的必备品。在孩子的袖口或者肩上，母亲总会别一块手绢，由方方的粗布做成。因为游戏器材简单，场地要求不高，成为学校、幼儿园普遍开展的游戏形式。

二、游戏方法

开始前，准备几块手绢，然后大家推选一个丢手绢的人，其余的人围成一个大圆圈蹲下。游戏开始，大家一起唱《丢手绢》的儿歌，被推选为丢手绢的人沿着圆圈外行走。丢手绢的人要不知不觉地将手绢丢在其中一人的身后。被丢了手绢的人要迅速发现自己身后的手绢，然后迅速起身追逐丢手绢的人，丢手绢的人沿着圆圈奔跑，跑到被丢手绢人的位置时蹲下，如被抓住，则要表演一个节目，可表演跳舞、歌谣、讲故事等。

1. 规则

丢手绢的人不能绕着圈子走了一圈又一圈，还是没有把手绢丢给某人；

丢手绢的人刚走过你的身后时，你不能偷看背后有没有手绢；

其他人不能提醒被丢手绢的人；

丢失手绢的人得跑完一圈才能丢手绢。

2. 改进方法

传统玩法是一个小朋友丢手绢，在此基础上，进行了发展创新，请大家念儿歌，两个小朋友拿不同颜色的手绢，一起丢手绢，在以往的游戏中，都是单人单圈，为增加游戏的趣味性，可以双人双圈，三人三圈……游戏的过程中，有一些学生往往只把手绢丢给自己的好友，这就会给课堂带来不和谐的因素，造成学生之间的不团结。多圈组合既增加了游戏的难度，又给幼儿提供了更多的游戏机会。

3. 锻炼价值

此游戏能有效促进儿童身体基本动作的发展，提高大肌肉的运动机能。在游戏过程中，儿童始终处于主体地位，并保持着身心愉悦的精神状态，这对形成儿童乐观开朗、积极向上的性格具有积极的意义。还能提供社会交往机会，改善人际关系。

四、文化内涵

丢手绢

关鹤岩　作曲　鲍侃　作词

丢，丢，丢手绢，轻轻地放在小朋友的后面，大家不要告诉他，
快点快点捉住他，快点快点捉住他。快点快点捉住他。

第八节　抬花轿

一、历史起源

花轿本是在我国中式婚礼上使用的特殊轿子，也叫喜轿，一般是红色的，装饰精巧，寓意着喜庆和大吉大利。在中国婚庆文化的发展过程中，人们模仿古代中国娶亲的习俗，创编出了抬花轿的游戏。因为这项游戏只需要三个以上参与者，不需要借助其他工具就可以进行，玩法比较简单，所以流行于全国大部分地区。在物质、精神文化极大丰富的今天，这项游戏渐渐地退出了历史舞台。

抬花轿需要两个力气大的做抬轿的人，坐轿的人就要选择个头稍小，体重较轻的人。对于抬轿的人来说是个比较费体力的游戏。然而，又很难有轮流坐轿的机会。为此它的流行度没有前面提过的游戏流行度高。

二、游戏方法

一只手抓住自己的另一只手腕，用这只空闲的手去抓住另一个人的手腕，两个人抓成一个田字形。第三个人的脚分别跨在这两人胳膊形成的圈里，又开腿坐在两人的田字形手背上被抬起来，玩的时候可以边抬边唱儿歌《抬花轿》。玩的人多的时候还会进行抬轿比赛，即设定一个终点，然后看哪一组先到达终点，先到的就算赢了。

三、锻炼价值

通过游戏，锻炼幼儿手臂力量；探索各种抬花轿的方法，培养学生的探索精神；培养幼儿的合作和竞赛意识。

四、文化内涵

儿歌

一、二、三，爬竹竿；四、五、六，踢足球；

七、八、九，手搭手，搭个花轿抬妞妞；

妞妞抬得高又高，妞妞笑得嘴巴翘；

（妞妞是谁呀？）妞妞就是我家宝宝！

第二章 跳跃类传统体育游戏

第九节 跳皮筋

一、历史起源

跳皮筋，也叫跳橡皮筋、跳橡皮绳、跳猴皮筋，是一种适宜于儿童的民间游戏，约流行在二十世纪五十至八十年代。皮筋是用橡胶制成的有弹性的细绳，长3米左右，皮筋被牵直固定之后，即可来回踏跳。跳橡皮筋是在两脚交替跑跳中完成各种动作的全身运动。跳橡皮筋是少年儿童十分喜爱的一项体育活动，由于它具有经济、简便、趣味性强等特点，故易于在广大学生中普及。可三人至多人一起玩，亦可分两组比赛，边跳边唱非常有趣。

二、游戏方法

跳皮筋一般是3人以上的活动，有挑、勾、踩、跨、摆、碰、绕、掏、压、踢等10余种腿部基本动作。它的花样很多，但都是在基本动作的基础上联合而成。玩法可分为单人跳和集体跳两种。单人跳由二人拉着约3至4米长的皮筋，在皮筋的中间单人跳或多人依次轮流跳，集体跳是将数条皮筋拉成各种图案，如三角形、四边形、五边形、多边形、斜线形、人字形、八字形、波浪形、扇面形等，由多人同时参加。拉筋人各拿一端把皮筋抻长，其他人按规定动作轮流跳，完成者为胜，中途跳错或没钩好皮筋时，就换另一人跳。皮筋高度从脚踝处开始到膝盖、腰、胸、肩头，再到耳朵头顶，然后举高，分为"小举""大举"，难度越来越大，跳者用脚不许用手钩皮筋边舞边唱《小皮球》、《马莲花》等有一定节奏的歌谣。跳皮筋的动作花样是由若干基本动作组成的联合动作。一个联合动作跳2×8拍，在儿歌或音乐伴奏下进行跳跃。

三、锻炼价值

跳橡皮筋运动具有较强的适应性和实效性。跳橡皮筋设备简单，只需一条橡皮筋，还可用废弃的轮胎内带取而代之。课间学生三五成群轻松地跳一阵橡皮筋，可以使疲劳的大脑得到休息，促使脑细胞的兴奋与抑制转换，从而以充沛的精力投入下节课的学习。另外它不需要多大的场地，不受季节的限制，人数可多可少。它具有花样多、兴趣高等特点，适合小学生的生理、心理需要，对锻炼身体确实行之有效。

经常跳橡皮筋，可以有效地增强内脏器官和血液循环系统的功能。增大肺通气量，促进新陈代谢，还能够增强腿部和腰部的灵活性，促进骨盆的生长发育，改善力量、柔韧、灵敏等身体素质，是提高弹跳力和平衡能力的有效手段。因此，在体育课上，经常开展跳橡皮筋的游戏，有针对性地编出各种花样的跳法，以提高学生的兴趣，使其身体素质得到全面发展。

四、文化内涵

跳过祖国台湾岛

橡皮筋，脚上绕，绕到东来绕到西。跳过山，跳过海，跳过祖国台湾岛。

雪娃娃

下雪啦，下雪啦，地上铺满小雪花，小妹妹，摔倒了，地上一个雪娃娃。
小妹妹，叫妈妈，快来呀，快来呀，大地给我照相啦。大地给我照相啦。

高跟鞋

高跟鞋，高跟袜，我和高跟打电话，就怕高跟不在家。

第十节 跳房子

一、历史起源

跳房子是一项古老的游戏，罗马时代遗留下来的镶嵌地面上就曾经发现类似跳房子的图案。跳房子，也叫跳飞机，是一种世界性的儿童游戏，也是中国民间传统的体育游戏之一，趣味性、娱乐性极强，曾深受广大儿童的喜爱。在二十世纪五十年代至八十年代相当普遍，在有些儿童游乐场、公园和小学操场等都会有跳房子的位置。有时就算在一块空地上，只要有一根粉笔或树枝，小朋友亦会在地上画起"跳房子"的九个格，然后一起玩。

二、游戏方法

用粉笔在地面上画出房子，房子里的格子组合可自由设计，再由近至远依序写上数字，最后一格是天堂；在距离第一格适当位置处，画一条线作为起跳点；大家猜拳排定跳的顺序。

游戏规则：一格一格地往前跳，不得越格，不得压线，否则判为失误；中途失误，可在下一轮轮到时，从失误格开始继续往下跳；不得在方格内久留。

三、锻炼价值

跳房子是最方便、最常玩的儿童游戏之一，游戏目的是增强肢体肌肉关节机能，锻炼身体的灵活性和协调性，培养机智、果断的意志品质。

它的精粹在于跳跃，保持、训练身体的平衡和弹跳能力，也是大家儿时喜欢的户外运动。我们可以针对"跳房子"进行图案设计，打破传统图案形式，运用圆的不规则排列代替原先的方格。另外，传统的"跳房子"是随意地画在地面上，现在从环保的角度考虑，在设计中运用了拼拆的连接方式进行安装，方便儿童使用，从而很好地解决了保持地面洁净的问题。简洁的图案，不规则的排列，颜色的完美搭配，使"跳房子"这个简单而有趣的游戏，展现了它的新活力。

第十一节　跳竹竿

一、历史起源

跳竹竿是一种古老独特的活动，也是一项令人陶醉的文艺体育运动。它不但姿态优美，富于节奏，而且气氛非常欢快热烈，吸引众人。每逢过年过节，黎族同胞便身着艳丽的民族服装，欢聚在广场上，跳起"打竹舞"来。跳竹竿时，8根长竹竿平行排放成四行，竹竿一开一合，随着音乐鼓点的节奏，不断地变换着图案。4~8名男女青年随着或快或慢的节奏，在交叉的竹竿中，灵巧、机智、自由地跳跃，当竹竿分开时，双脚或单脚巧妙地落地，不等竹竿合拢又急速跃起，并不时地变换舞步做出各种优美的舞蹈动作。参加舞蹈的青年男女，一边跳舞一边由小声到大声地喊着"哎——喂、哎——喂"，大大制造了热烈气氛。

二、游戏方法

场地一般为 8~12 米长，6 米宽的平地。这项活动男女老幼都可参加，一般多为男女青年。比赛时，分成两组，每组 4~8 人。一组打竹竿，一组跳，然后再轮换。打竹竿的人分成两排，每组竹竿距离约 3.5 米，面对面盘腿坐下或双膝跪地，每人各执一根竹竿的顶端，成若干组平行状。在音乐伴奏下，由一人统一指挥或唱歌，手持竹竿者随着节拍，同时向下不断地敲打粗竹竿，并且每对细竹竿随着音乐鼓点的节奏时开时合，不断地变换节奏和方位。跳竹竿的人统一从一面进另一面出，可单人跳、双人跳、三人跳或成队跳。既不能踩着竹竿，也不能被不断开合的竹竿夹着。跳竹竿者巧妙地跳跃在分合的竹竿之间，表演舞花扇、翻斛斗举等高难技巧的花样动作。跳竹竿现有"穿山过海""情人上路""遨游八卦阵""骏马跳桩""飞跃龙门阵""勇闯斩头台"等多种套路。过去是"女打男跳"，如今已形成了"男女混合打跳"。

三、锻炼价值

跳竹竿，这个曾被外国游客称作"世界罕见的健美操"的黎族民间传统文体交融的体育活动和游戏，越来越令世人瞩目，是我国民族文化的瑰宝。跳竹竿活动要求动作敏捷利落、反应灵活、优美舒展，还要具备一定的音乐素养和舞蹈技巧，对锻炼身体、培养良好的心理素质和艺术技能都颇有实用价值。

第十二节　编花篮

一、历史起源

编花篮是一种流行范围十分广泛的传统游戏，也被称作跳四方、搭葡萄架等。在游戏中，游戏者双手彼此相牵，右脚搭于右手所构成的形状酷似水井外形的台中，因此也叫搭井台。

搭井台游戏的起源兴许与人们对水井的记忆有关。在旧时以及现在的广大农村地区，水井都是人们日常生活中不可缺少的一部分。

二、游戏方法

游戏开始之前，孩子们先手拉手站好，脸朝外。其中一个孩子将自己的一只腿放在旁边两个孩子的手上，单腿站立，然后，大家依次将自己的一条腿放在另一个小孩的腿上，所有孩子将腿搭好后，第一个孩子的腿放在最后一个孩子的腿上，成井字形。

游戏开始后，伙伴们同时用左脚跳跃，边跳边拍手唱歌谣"编，编，编花篮，花篮里边有小孩，小孩的名字叫什么？小孩的名字叫小兰"。跟随所唱的歌谣、拍手的节奏来使伙伴们动作协调统一，直到有人失去平衡为止，坚持时间最长的组获胜。

三、锻炼价值

发展学生的下肢力量，提高学生的身体平衡性，培养学生相互协作的意识，增强班级的凝聚力。

第十三节　跳单绳

一、历史传承

跳绳运动在中国有着悠久的历史。原始体育的萌芽与生产劳动分不开，跳绳运动也不例外。在古代时期，跳绳所用的绳被称为"绳索"，绳索是由古人编结而成的，人们在编结绳索的过程中，通常会有一些跨越绳索的动作，这一动作吸引了小孩子，他们感到非常有趣，就用短的绳子在旁边反复模仿，并逐渐摸索出一些简单的跨越绳子的方法，当成一种游戏来玩耍，于是跳绳这一活动就产生了。

据史料记载，在南北朝时就出现了单人跳绳的游戏，《北齐书·幼主纪》中已有"游童戏者好以两手持绳，拂地而却上跳"的童戏。唐朝时期，跳绳被称作"透索"，如唐人段成式《酉阳杂俎》载："婆罗遮，并服狗头猴面，男女无昼夜歌舞。八月十五日，行像及透索为戏。"宋朝时期，跳绳被称作"跳索"，孟元老《东京梦华录》载："百戏如趋弄、跳索、相扑、鼓板、小唱、斗鸡，百戏，乃上竿跳索倒立折腰弄盘"。

跳绳游戏在中国一直延续，到民国时期"跳绳"这一名称才真正出现。1939 年，福建省举行的国民体育表演会上设有跳绳个人表演。这一时期在学校的体育课或课外活动中出现了跳绳运动。

这项游戏在国内外得到流传，经过不断的改进、提高、完善，华丽转身为集健身、娱乐、竞技、观赏为一体的体育竞技运动项目。

由于种种原因，跳绳技术创新在我国中断，使我国的跳绳运动陷入谷底。但"中国跳绳王"胡平生的出现改变了这一现状，跳绳运动在他的推广中不断地改进与提高。这项古老的民间运动焕发出新的气息和活力，出现了一大批花样跳绳爱好者，将跳绳这项简单易行的运动推向了普及的顶峰，花样跳绳被更多的人所青睐。

二、游戏方法

1. 简单跳绳法

准备动作：双脚并拢，进行弹跳练习 2 至 3 分钟（弹跳高度为 3 至 5 厘米）。开始跳绳，注意手腕做弧形摆动。初学者先跳 10 至 20 次，休息 1 分钟后，重复跳 10 至 20 次。非初学者可先跳 30 次，休息 1 分钟后，再跳 30 次。

2. 单脚屈膝跳

右腿屈膝，向前抬起。踮起脚尖，单脚跳 10 至 15 次，换左腿重复上述动作。休息 30 秒钟，每侧各做 2 轮。

3. 分腿合腿跳

先做跳绳准备运动，然后跳绳，跳跃时双脚叉开，着地时双脚并拢，重复动作 15 次。

4. 双臂交叉跳

先做跳绳准备运动，然后双臂交叉跳绳。当绳子在空中时，交叉双臂，当跳过交叉的绳子之后，双臂反向恢复原状。

第十四节 花样跳绳

一、历史起源

花样跳绳是在跳绳的基础上发展而来的，在近代最先开展此项目的是西安地区。1957 年，西安某高中创编了"跳绳舞"；1959 年，陕西师大举办了中国第一个"跳绳培训班"；1993 年，中国第一家"跳绳协会"在西安成立……西安市花样跳绳队先后应邀在多个国家和地区进行表演，并登上了春晚、民运会等舞台，结束了跳绳只是民间活动的历史。

西安花样跳绳队在国内外举办了七百多期跳绳培训班，培养了十三万余名跳绳爱好者。在西安跳绳人的共同努力下，陕西省民运会、农运会、工运会，以及全国农民运动会已把花样跳绳列入正式比赛项目。当前，花样跳绳已成为西安市非物质文化遗产项目。花样跳绳运动在北京深受群众喜爱，我校花样跳绳队多次在市级比赛中获一等奖。

二、游戏方法

1. 单摇系列

（1）死花：即固定编花跳，就是在活花的基础上，两臂始终在体前交叉靠手腕力量转动摇绳。

（2）单飞：可单腿跳双腿交换跳，这样就成了九种跳法，这些都属于前飞（正摇）动作，再加上后飞（反摇）实际上单飞有十八种动作。

2. 双摇系列

（1）直飞：跳起一次腿落地前，绳直摇过身体两圈。

（2）扯花：跳起一次脚落地前，先做一个两手臂交叉编花动作，再做一个直摇动作。

（3）快花：跳起一次脚落地前，先做一个直遥，然后再做一个两手臂交叉编花动作（与扯花动作正好相反）。

（4）凤花：跳起一次，脚落地前两手臂在体前交叉编花摇两圈。

（5）龙花：跳起一次，脚落地前做一个两手臂交叉编花动作，然后两手臂上下换位再做一个两手臂交叉编花动作。

（6）双单：单脚跳起单脚落地，可跳（1）～（5）动作。

（7）双换：两脚交换落地（像蹬脚踏车那样），也可跳（1）～（5）动作。

（8）双飞：双飞中每一个动作都可以连续不断地重复跳跃，尤其除直飞以外的其他动作，连续重复跳难度较大。

3. 三摇系列

（1）三直飞：跳起一次脚落地前，双手快速直摇过身体三圈。

（2）三扯花：跳起一次脚落地前，两手臂快速交叉编花后再直摇过身体两圈。

（3）快扯花：跳起一次脚落地前，双手快速先直摇过身体一圈，加上一个两手臂交叉编花后再直摇过身体一圈。

（4）扯快花：跳起一次，脚落地前，两手臂做一个交叉编花动作，然后做一个直摇，再做一个编花动作。

（5）三快花：跳起一次脚落地前，两手直遥绳过身体两圈后再加一个两手臂交叉编花动作。

（6）三凤花：跳起一次脚落地前，左右手臂迅速交换方位快速摇绳过身体三圈。

（7）扯凤花：跳起一次脚落地前，两手臂迅速左右交换方位（即左手位置左右，右手位置左右）摇过身体两圈后，两手臂恢复原位直遥过身体一圈。

（8）扯龙花：跳起一次脚落地前做一个两手臂编花动作，然后两手臂上下换位，再做一个交叉编花动作后，再直摇过身体一圈（即做一个龙花后再摇过身体一圈）。

（9）凤龙花：跳起一次脚落地前两手臂在体前交叉编花摇两圈（即凤花动作），然后两手臂上下换位后再做一个交叉编花动作。

（10）龙凤花：跳起一次脚落地前，先做一个两手臂交叉编花动作，然后两手臂上下换位后，再交叉编花摇过身体两圈（即两手臂先做一个编花，然后两手臂上下换位后两做一个凤花动作）。

第十五节　跳长绳

一、历史起源

跳长绳是民间的一项体育项目，特别是在冬季里，户外活动项目较少的时候，跳长绳就是比较好的体育运动了。

二、游戏方法

1.8字长绳

各队男、女各六人（包括摇绳两人），一队共计十二人。摇绳队员相向站立，间隔距离不小于 4.5 米，以白色线为标志，摇绳队员不得踩或超越标志线。跳绳队员依次进入且必须一人一次跳过绳，方计次数一次（两人或以上人数同时跳过只计次数一次，不得一人连跳）。在规定的三分钟时间内，跳过次数越多成绩越好。若两队最终成绩一样，则看失误的次数，失误次数少的队成绩领先，如

仍相等，则加赛一次两分钟跳长绳。

2. 四角跳长绳

四人成正方形站立，相邻摇长绳的两个人各持长绳一端，每人每只手各握一个长绳的一端。跳长绳的同学在任何一个摇绳者体侧，以一名同学为排头成一路纵队站好，站成四个四路纵队。练习开始后，四人同时摇绳，各队排头同学同时进入跳长绳，每队第一名同学跳完第一个后，进入到四角长绳里，再跳第二个长绳，由四角长绳里跳到外、依次再跳第三、第四个绳（跳四个绳的顺序是跳进，跳出，跳进，跳出），跳完四个长绳后，回到本队队尾，各组第二名同学开始跳，最后看哪组同学失误的少。

3. 跳"蛇"形长绳

在场地上画一个半径五米的圆，一人持长绳一端站在圆里，其他同学则分散站到圆里。练习开始后，持绳同学在圆里抖动长绳跑，使长绳在地面上成"蛇"形运动，其他同学则在圆里用躲、跳、闪等动作尽量不让长绳碰到自己，如果碰到则与持绳同学互换角色。

4. 跳旋转绳

在场地上画一个半径四米的圆，四个持绳的同学两两相对站在圆上，两个长绳在圆上成"十"字形，长绳的高度不要超过大腿，跳绳的同学分散站在圆里。练习开始后，四个持绳同学按圆线、同一方向、同一速度慢跑，使两根长绳成"十"字形在圆里转动，在圆里的同学通过跳不让长绳碰到，如果碰到则出局。

三、锻炼价值

越跳心肺功能越好，身体各主要部分的肌肉也得到了锻炼，骨骼快速生长；跳绳需要四肢、腕、肩有规律、有节奏地相互配合，能促进孩子左半脑和右半脑"共同进步"，培养身体的平衡感、协调性、敏捷度、节奏感和爆发力；明白"数"的概念。教孩子一边跳绳一边数数，将所数的"数"与跳绳的次数建立对应关系，能帮助其初步理解"数"的实际含义、形成"数"的概念，也提高了记忆力。

四、文化内涵

《宛署杂记·民风一》

明　沈榜

"跳百索：（正月）十六日，儿以一绳长丈许，两儿对牵，飞摆不定，令难凝视，似乎百索，其实一也。群儿乘其动时，轮跳其上，以能过者为胜，否则为索所绊，听掌绳者绳击为罚。"

《帝京岁时纪胜·岁时杂戏》
清　潘荣陛
博戏则骑竹马，扑蝴蝶，跳白索，藏蒙儿。

《灯市》
阿英
"二童子引索略地，如白光轮，一童子跳光中，叫'跳白索'。"

第十六节　跳山羊

一、历史起源

跳山羊是民间一种模拟山羊跳跃的儿童游戏，简单易行，既能锻炼身体，又能培养果断决事的能力，很受孩子们的欢迎，在奥运会体操项目里叫"跳马"。

二、游戏方法

一个人当"山羊"，其他人助跑一段后，撑住"山羊"的背或双肩，双腿分开从"山羊"头上越过。

1. 一人跳多个山羊。参加者排成一列，除队尾一人外，全部作山羊，队尾一人从后向前依次排列的山羊上面一一跳过，然后在排头作山羊。其余人照此例，依次从队尾跳至排头作山羊；

2. 多人跳一个山羊。一人作山羊，大家从其背上跳过，跳一轮，山羊高度由低到高，跳不过者与山羊交换位置。

三、锻炼价值

跳山羊以跑、跳动作为主，结合了蹬腿、收腹等动作，从冲刺跑到腾空而起的瞬间，都是对爆发力和胆量的锻炼。

第三章　投掷类传统体育游戏

第十七节　丢沙包

一、历史起源

沙包项目属于民间传统体育项目。究其起源已难考证。丢沙包曾经风靡大江南北，是一个经典的群体性游戏，极受孩子们的欢迎。

沙包的制作方法非常简单，家中常用的五谷类以及沙子等，均是用来塞入沙包的好材料。只要先缝好一个长方形或正方形的布袋，将沙子或五谷放入布袋后缝住袋口就可以了，但不要塞太多。沙包的大小依自己的喜欢而定。

二、游戏方法

将参加游戏的人分为两组，一组扔沙包，另一组躲沙包。扔沙包的一组再分两组站在场地的两端，躲沙包的一组站在中间。两头扔沙包的轮流砸中间躲沙包的人，如被砸中则退下。如果躲沙包的人接住沙包，则多一条命（最新版本多了七彩包，七彩包接住了多七条命，被砸中少七条命；还有炸弹、七彩炸弹，炸弹不能接，接了也少一条命，七彩炸弹少七条命）。如此进行下去，直到躲沙包的人全部退下，两组人互换，游戏重新开始。

如果人数为 4 人以上，被击中的罚下场，若能接住，可储存一条命或复活本方已下场的队友一名。全部被罚下场则替代"打手"的位置。

三、技术与战术

1. 技术

主要进攻技术有：单手肩上掷沙包、体侧掷沙包、地滚沙包等。

单手肩上掷沙包：单手持沙包，通过向后引臂、蹬地、转髋、挥臂、甩腕将沙包从肩上掷出的技术。

体侧掷沙包：单手持沙包，通过向体后侧引臂，蹬地、转髋、挥臂、甩腕将沙包从体侧掷出的技术。

地滚沙包：单手持沙包，由下向后引臂，通过蹬地、挥臂、甩腕将沙包向对方队员地上滚出。

2.战术

（1）进攻战术。进攻方分为两个进攻区域，把进攻队员平均（也可不平均）分在两个进攻区，通过双方的默契配合来攻击对方的战术。主要有快攻战术、盯人战术、掩护战术等。

快攻战术：通过双方进攻区的默契配合，在最短的时间内发动快速进攻。

盯人战术：针对防手队某一运动能力稍差的队员，通过反复的双方进攻，使其体能下降后，行动缓慢，最终将其击中。

掩护战术：当进攻队员接到沙包时，同侧进攻区的队员快速围住有沙包的队员，然后快速分开，同时发动进攻。

（2）防守战术。防守队员在防手区内，通过判断沙包的位置来调整队员的跑位，做到整体与个人的配合。主要有集体战术和个人战术等。

集体战术：在有效的防手区域内，通过队员的合理分组和站位，便于每个防守队员都能判断沙包的位置和快速的跑动。

个人战术：技术较好的队员，通常是本队的主力，他所站的位置一般在队员的两端，起到保护队员和接沙包的任务。

三、锻炼价值

丢沙包这个游戏运动量大，能够使全身肌肉组织得到锻炼，特别是能够发展上肢力量。还能锻炼学生的反应能力和灵敏性，培养团队协作精神。

第十八节 投壶

一、历史起源

投壶是从先秦延续至清末的中国传统礼仪和宴饮游戏，投壶礼来源于射礼。由于庭院不够宽阔，不足以张侯置鹄；或者由于宾客众多，不足以备弓比耦；或者有的宾客的确不会射箭，故而以投壶代替弯弓，以乐嘉宾，以习礼仪。

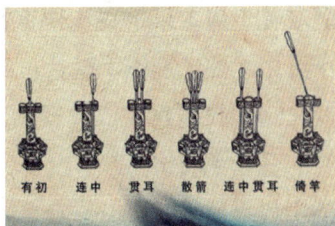

有初　连中　贯耳　散箭　连中贯耳　倚竿

春秋战国时期，诸侯宴请宾客时的礼仪之一就是请客人射箭。那时，成年男子不会射箭被视为耻辱，主人请客人射箭，客人是不能推辞的。后来，有的客人确实不会射箭，就用箭投酒壶代替。久而久之，投壶就代替了射箭，成为宴饮时的一种游戏。宋吕大临在《礼记传》中云："投壶，射之细也。燕饮有射以乐宾，以习容而讲艺也。"

二、游戏方法

1. 器材

投壶两尊，金属制、陶瓷制等均可。先秦投壶无耳，壶中盛矢以红小豆，使箭矢投入后不至于弹出。标准尺寸为壶颈长七寸，口径二寸半，壶高一尺二寸，容斗五升，壶腹五寸。（皆周代度制，一寸合 2.31 厘米）

矢：若干。古礼要求以柘木制，此处不拘泥，以竹、木等均可，削成矢状，矢长二十厘米，首端锐尾端钝。制作时可参考：矢需准备至少八支以上；算若干；竹木制，计算成绩之用，以竹木片；酒爵 1 对：宾主饮酒用。

2. 规则

（1）宾主就位。宾主于各自席位上。投壶之礼开始。

（2）三请三让。主人奉矢到宾面前。主人请曰："投壶图某有枉矢哨壶，请乐宾。"宾曰："子有旨酒嘉肴，又重以乐，敢辞。"主人曰："枉矢哨壶，不足辞也，敢以请。"宾曰："某赐旨酒嘉肴，又重以乐，敢固辞。"主人曰："枉矢哨壶，不足辞也，敢固以请。"宾对曰："某固辞不得命，敢不敬从？"宾向主人行拜礼，接受主人奉上的四支矢。主人答拜。宾主相互行揖礼，于宾主席上正坐，面对壶所在的席之方位，做好投壶准备。

（3）进壶。司射把两尊壶放到宾主席对面的席子上（壶离主宾席位的距离为二矢半），分别正对宾与主人。返回司射席位。向宾主宣布比赛规则，即投壶之礼，再令乐工奏《狸首》，比赛开始。《狸首》，诗经名篇，瑟曲，已失传。今可用琴曲《鹿鸣》替代。投壶动作应与节奏相和。

（4）投壶宾主依次投壶，将八支矢投完。为一局。

三、锻炼价值

投壶游戏，可以修身养性，同时又有健身功能，可以与持轻物掷准相结合。

亦可对学生进行礼仪教育，渗透中国传统的礼仪文化。

四、文化内涵

投壶

宋 刘子翚

暇日宾月集，投壶雅戏同。傍观惊妙手，一失废前功。

礼盛周垂宪，词夸晋起戎。区区论胜负，转眼事还空。

第十九节 打尜

一、历史起源

打尜起源于尧舜时期，距今已有4000余年的历史，是一项古老的投掷游艺。两晋南北朝时，打尜在民间流行，南朝诗人谢灵运、张协的诗句中也有记载。

明清时，打尜被称为"打瓦"。此外，还有一种叫"打板"。《顺天府志》记载："小儿以木二寸，制如枣核，置地棒之。一击令起，随一击令远，以近为负，曰打板。"

从上古时期打尜活动出现开始，经过不断的改进，逐渐成为我国北方民间传统的娱乐运动项目。古时的打尜一般在冬春两季举行，参与者也大多是生活在乡野的少年。对于当年打尜活动的情节，清代《帝京岁时纪胜》这样描写道："杨柳发，打尜尜；杨柳死，踢毽子。"这样的一幅早春生机勃勃的运动欢愉景象，让人们欲罢不能，心向往之。

二、游戏方法

将长约10厘米、直径4厘米左右的木棍两头削尖，就做好了一个尜，在地下画一个圆圈，将尜放进圆里，再用一根木棍（或刀型木板）去敲击尜的头。使尜弹起，然后迅速将尜打向远处。另一个人去捡这个尜向框里扔，以此循环。

技术动作：以右手执尜棒，右腿曲弓，身子重心移至右腿，用棒击打尜尖部，趁尜腾空飞起时，迅速站直身体，并用尜棒按照自己设定的方向打击尜，根据需要，用力可大可小，近可击出二三米，远则一棒打出三十米开外去。

游戏规则：在地上画一个直径三米左右的圆圈叫"家"，把尜放在"家"

的中心，猜拳决定谁先打，打者执棒将夺横向打出"家"外，越远越好。由对方捡起夺往"家"内扔，如未扔进"家"内，或扔进"家"内而蹦出圈外，则由原执棒人在夺着地处继续打，捡夺者接着捡，倘执棒人技术好，往往是越打越远，捡夺者服输认罚，执棒者不再打，任由捡夺者从远处一次接一次地向"家"的方向扔，直到扔进"家"内为止，执棒者则计算着对方扔夺的次数，罚捡夺者背着自己依数跑几步。然后执棒人站在"家"外对着夺掷棒，若将夺打出"家"外，则可再次击打，新一轮又开始了。如投掷不中，或虽中而未打出"家"外，则要与对方互换角色。打夺，可以两个人玩，也可以多人分成两伙玩。

三、锻炼价值

打夺看起来很简单，其实是一项体力和脑力并用的游戏。一要看你控制打夺的力量，飞起太高，你够不着；飞得太低，你又打不远，所以必须把力量控制得恰到好处。二要看你控制方向的能力，打偏了会拉大距离，就会减少积分，增大背人的风险，所以要看对方的方向而定方向。即游戏者要手、眼、力并用。它锻炼了我们的体质、提高抗寒能力；还锻炼了人的动手能力、观察能力、协调能力、协作能力。

四、文化内涵

《初去郡》（节选）

南北朝 谢灵运

野旷沙岸净，天高秋月明。憩石挹飞泉，攀林搴落英。

战胜臞者肥，鉴止流归停。即是羲唐化，获我击壤情。

《击壤赋》（节选）

三国 盛彦

论众戏之为乐，独击壤之可娱，因风托势，罪一杀两。

《皇帝合春帖子词》

宋 司马光

盛德方迎木，柔风渐布和。省耕将效驾，击壤已闻歌。

第二十节　扇烟盒

一、历史传承

二十世纪初，香烟由国外传入青岛。那时，香烟的品牌不下十几种，烟盒包装精美。大人们吸完香烟剩下的空烟盒，以及烟盒中的小画片儿，是儿童们十分喜欢的玩意儿。孩子们把烟盒中的小画片儿叫"烟牌"，把用烟盒纸折成的方形牌也叫烟牌。为了相互得到这些广受欢迎的烟牌，便形成了扇烟牌的游戏。其游戏玩法有多种，有烟盒画片硬烟盒手拍法，软烟盒摔法。

二、游戏方法

1. 手拍法

（1）器材。使用硬烟盒的"帽子"，折成小小的长方形，其余部分就扔掉了。具体折法是：①把烟盒的"帽子"沿边缘剪下；②完全拆开，最好不要用剪刀，用手撕。注意侧边的两端是连在一起的，需要慢慢撕；③烟盖朝上，把烟盖折成三角形（最好不完全折上），再把下面的一点边（剪的时候会留下）折一折；④把地下折好的边用两旁的"耳朵"压好，再把上面的三角形往里一插，就做好了。

（2）规则。游戏时由两人或多人共同组阵，牌具就是用烟盒中的画片，游戏开始前，多用"剪、包、锤"决击先后顺序。把烟牌合在一起，按顺序依次劲拍，靠所产生的风力扇动烟牌，翻身者为"胜利品"。输者要再拿出自己的一个烟牌放在地上，让赢者继续扇。如果没有拍翻对方的烟牌，则由对方拿起自己的，像第一个人那样去扇。游戏按此规则循环进行。

2. 软烟盒摔法

（1）器材。将软烟盒外包装纸展开成长方形画片儿，将画片折叠成三角形。

（2）规则。两人或多人游戏，每人依次在线后将烟牌弹出。弹出时左手拇指和食指轻轻捏住烟牌，右手食指或小指将烟牌弹出。弹出最远者先摔，利用臂力摔出烟牌所产生的风力将对方扇翻获胜，被扇翻的烟牌作为战利品，被赢走。

三、锻炼价值

打尜游戏是全身运动，可以锻炼学生的臂力和手眼协调能力。

第二十一节　摔方宝

一、历史起源

摔方宝是二十世纪七八十年代，社会资源极其匮乏时，人们发明的一种体育游戏。方宝一般是用纸折叠的，将两张同样大小的纸折成长条，成十字折叠，下面的一条边角沿上条边折成三角，再折到上面这条中间。另一头也同样如此。最后将折叠的四个尖角依次交叉，一张完整的方宝就叠好了。

二、游戏方法

一个人拿出自己的方宝扔在地上，另一个人也拿出自己的方宝用力摔在地上或者对方的方宝上，靠产生的风或适当的角度把地上的方宝翻个面，对方的这张就归你了，反之你的就归对方。最后看谁赢得多。

三、锻炼价值

摔方宝能锻炼学生的腕力和臂力，还能培养学生的观察能力。

第二十二节　纸飞机

一、历史起源

用纸折叠飞机、轮船，是孩子们的一大爱好，特别是折叠纸飞机，更是孩子们的最爱。折叠的水平高低，可以在放飞的过程中体现出来。纸飞机游戏随着时代发展已经演变成一种学生科技活动——航模比赛。

二、游戏方法

1. 制作方法

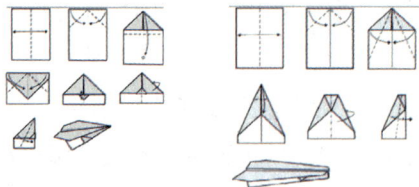

2. 游戏规则

玩的时候，将平整、有开口的一面向上，手捏住有尖的那头，然后曲臂抬到与肩平，一腿蹬地，另一条腿微曲，脚尖点地，把飞机用力向前扔出去；同时，微曲的腿着地，另一条腿抬起，纸飞机就飞起来了。

3.游戏技巧

飞机飞的时间、距离的长短与飞机的"头"有关；与机身的"机翼"有关。调整好机头的平衡位置，适当增加一点重量，可以让飞机平稳，飞得更远。纸飞机飞翔，是靠风力推动的，因为气流的作用它才能飞起来；所以，把飞机的机翼卷得稍有一些弧度，飞机也能飞得远些。总之，在玩的时候，多做调整，飞机就能飞得更高、更远！

三、锻炼价值

这个游戏能培养学生动手、动脑能力，锻炼学生的上肢力量。

第二十三节　打弹珠

一、历史起源

打弹珠又称"打玻璃珠""弹玻璃球""弹球儿""打弹子""弹溜溜"。打弹珠的玩法繁多，但是不管哪一种玩法都能让人情绪高昂，乐趣无穷！

二、游戏方法

弹珠大赛的场地通常会选择在泥地上，最好还要有起伏高度，这样才能增加游戏的难度。

游戏中，玩家各给出玻璃珠数枚，输者将丧失对玻璃珠的所有权。玩法通常是"出纲"或"打老虎洞"：在地上画线为界，谁的玻璃珠被打出去就算输，叫"出纲"；或在地上挖5个小圆洞，谁先打完5个洞，就变老虎，然后打着谁，就把谁的玻璃珠吃掉，这叫"打老虎洞"。

技法：弹珠拿在手上的位置基本上都是相同姿势，就是将食指和中指弯曲，中指朝里，食指向外，用食指、中指第一节指弯和拇指中间的指节骨夹住弹珠，然后用拇指中间的指节骨用力向外拨，弹珠就会直射而出了。

三、锻炼价值

打弹珠虽简单，但玩法多样，富有创造性的孩子们还创造出了多种弹玻璃球的指法，充分活动了手指各个关节，促进身体的健康。在比赛过程中需要不

断地对比赛的形式、地形地况进行分析，使人的头、颈、腰、腿、背等都能得到适当的锻炼，同时还锻炼了学生的脑力和眼力。

阅读材料

2003年，"弹波子"——打弹珠被国家体育总局认可，成为"中国掷球协会"的一个正式分支项目，目前该球类运动已获得国家专利，是目前世界上最小的球类运动项目。

第二十四节　打水漂

一、历史起源

打水漂是古老的游戏之一，据推测从石器时代就开始了，很多民族都有这样的活动。通州是著名的漕运古城，居民们大都有过聚集在水边打水漂儿的经历。看着自己扔出去的石头或瓦片在水上重复跳跃，孩子们那份自豪感、成就感就全都写在脸上了。

二、游戏方法

用瓦片或石头，用力擦水面飞出，瓦片碰水面弹起，继续向前飞出，再碰水面弹起后向前飞出……如此反复多次，直至瓦片落入水中。

游戏技巧：打水漂选材料很重要，要找那些比较扁的石头，最好用瓦片，用拇指和中指捏住，食指在后，扔出去的时候用食指拨一下，让其旋转着飞出。做这个游戏时首先掌握好姿势，身体向后倾斜，手臂与身体大约呈45°。半蹲，瞄准后用臂膀力量发射出去。一般的时候孩子们喜欢多人一起比赛，谁打得水漂在水面上重复弹跳的次数多，谁就为胜利的一方。

三、锻炼价值

打水漂的游戏可以发展手眼协调能力及动作的协调性，提高控制身体的能力，锻炼上肢力量。让孩子们在游戏中找到乐趣，并获得成功的喜悦。

阅读材料

首次打水漂的世界纪录是40下，记录的创造者叫Kurt Steiner，他在2002

年9月14日在宾夕法尼亚州的一个打水漂比赛中创造了该记录；最新的世界纪录是拉塞尔·贝尔斯创造的，他扔出的鹅卵石在宾夕法尼亚州的湖上前行了76米，跳跃51下。

第二十五节　丢坑儿

一、历史起源

丢坑儿是通州民间传统的投掷类体育游戏，最初是人们在田间、地头，劳动休息的时候，以投掷砖头、瓦块比赛掷准的娱乐活动。后来逐渐演变为孩子们喜欢的体育游戏。丢坑儿的"丢"字在这里不能理解为丢失，而是"扔"或"投掷"的意思。准确地说就是把一个捞（投掷物），在一定距离处向坑里投掷，比赛准确性。

二、游戏方法

丢坑儿具体玩法是在空旷的场地上，挖两个相距两米左右，直径约6~8厘米、深4~5厘米的小坑，再画一个以小坑为圆心、直径约40厘米的圆圈。

首先通过"剪刀石头布"决出先后顺序（甲先乙后）。甲先用自备的捞（有的用厚铜圆、有的用锡铅铸成铜圆大小的圆板块，还有用瓦片磨成圆块的），站在甲坑向乙坑投掷，如果投进乙坑里算"暂胜"，还要看乙投掷如何。如果乙也丢进坑里，叫"掏坑儿"。甲重丢，如甲又丢进坑，乙再重丢。如此反复直到有一方没有丢进坑为输。

如果乙没有丢进坑里，就算甲胜乙负，但还要看乙的捞，如丢在圈里输一分；如丢在圈外输两分。如果甲开始就没有丢进坑里，乙丢进坑里，就是乙胜甲负，同样要看甲的捞，丢在圈里算输一分，丢在圈外算输两分。假如甲乙都未丢进坑里，虽然没有胜负，但要看谁的捞在圈里，又离坑儿最近，对方的捞如比它远一"哈"（拇指、中指伸直，二指间的距离）之内叫"吃"，也算赢；但甲乙双方的捞都丢在圈外就不能"吃"了。

三、锻炼价值

丢坑儿游戏可以锻炼学生的上肢力量，培养学生的观察能力促进手眼协调，增加学生相互交流的机会，提高社会适应能力。

第四章　对抗类传统体育游戏

第二十六节　踢包

一、历史起源

　　沙包是中国大陆地区中小学体育课上用以练习的一种器材，一般在用厚布织成的小袋中填入干黄沙，体积稍大于棒球和垒球。沙包运动在上世纪六七十年代曾经风靡一时，原因很多，一个是战场上丢手榴弹的一种游戏化，另一个原因在于沙包运动比较简单，对于场地和器材都没有什么要求，参与度也很高。

二、游戏方法

1. 踢包入圈

　　在地上画几个同心圆，最大的圆的半径为 4~5 米，小圆的半径分别为 0.3 米、0.6 米、0.9 米、1.2 米……并分别标出 40 分、30 分、20 分、10 分……学生散点分布在大圆外，用单足跳踢沙包入圈，踢到相应的圆内就得相应的分数。可进行个人、集体、分组等记分比赛。

2. 踢沙包

　　每人拿一个沙包，用手拉住沙包上面系的绳子（或者没有系绳子），然后用脚踢沙包。

　　（1）比多少：在固定的时间内，在踢法相同的情况下，踢得多的为胜。

　　（2）比时间：在踢法相同的情况下，连续不间断地踢，时间最长的为胜。

　　（3）比技巧：可以选择多种多样的花样踢法，技巧多者为胜。

3. 踢沙包抢占地盘

　　（1）先在地上画一个直径一米左右的圆圈，叫作"锅"。

　　（2）游戏规则是一个人防守"锅"，一个人进攻。

　　（3）游戏开始先由防守者站在"锅"里将沙包使劲向进攻人的方向踢过去。

　　（4）沙包落在哪里，进攻者就要从哪里开始向"锅"里扔沙包，但如果在沙包没落地前被进攻者接到了沙包，则转变攻防。

（5）进攻者扔出沙包后，防守者要在沙包进"锅"之前将沙包挡在"锅"外（用身体任何部分都行，防守者直接接住了扔向"锅"的沙包就奖励一条"命"），而且越远越好。如果沙包落在"锅"里，或者落在"锅"里又滚出"锅"外的，都要转变攻防。

（6）沙包被挡出后落在地上，防守者根据沙包离"锅"的远近要步数（步数就是脚尖贴脚跟一步一步地走，走多少步就计多少步数）。如果要的步数所走的距离大于沙包离"锅"的距离就转变攻防。如果小于就由防守者继续踢沙包，进入下一次攻防。

（7）防守者每次成功防守后所要的步数要累计下来。游戏之前要约定好累计一定的步数要奖励一条"命"。而转变攻防后，要从零开始计步数。

（8）防守者如果有多条命，遇到上述转变攻防的时候只需减一条"命"即可。然后继续当防守者，而且之前要的步数也不归零。

三、锻炼价值

在踢沙包游戏过程中，既锻炼了学生的平衡协调能力，又锻炼了学生上下肢配合能力等，还能培养学生的竞争意识。

第二十七节 夹包

一、游戏方法

1. 夹包比远

两脚夹住沙包站在线后，然后双脚跳起用收腹向前摆腿的力量用力将沙包掷出去。两人或几人进行比赛，根据夹掷的远近排定名次。

2. 夹包跳

学生用双脚夹住沙包向前跳，直至跳到规定地点，根据用时的多少排定名次。

3. 螃蟹走

两人一组，背靠背（或面对面）夹住大沙包，手臂挽住手臂，横着身体像螃蟹一样侧着走，先到者为胜者。

二、锻炼价值

夹沙包游戏充分考验了学生的反应能力和体力，及团队协作精神，如果没有团队协作精神就很容易输掉比赛，游戏虽然在演变，但这种靠团结协作获胜的精神却永远留在孩子的记忆里。

第二十八节　蹴鞠

一、历史起源

蹴鞠，又名"蹋鞠""蹴球""蹴圆""筑球""踢圆"等，"蹴"有用脚蹴、蹋、踢的含义，"鞠"最早系外包皮革、内实米糠的球。因而"蹴鞠"就是指古人以脚蹴、蹋、踢皮球的活动，类似今日的足球。《战国策》记载："临淄富有其属实，当地百姓无不吹竽、鼓瑟、击筑、弹琴、斗鸡、走犬、六搏以及塌鞠者。"可见早在战国时期中国民间就流行娱乐性的蹴鞠游戏。西汉帛书《十六经·正乱》中撰写了皇帝战胜蚩尤的传说，认为皇帝"做蹴鞠之戏"，以练武士。宋代又出现了蹴鞠组织与蹴鞠艺人，著名的奸臣高俅就是蹴鞠高手。到了清代《红楼梦》等史书中有蹴鞠活动的文字记载，踢球的方法也得到了更加详细的说明。

二、游戏方法

蹴鞠筑球时在球场中央竖立两根高三丈的球杆，上部的球门直径约一尺，叫"风流眼"。衣服颜色不同的左右军（两队）分站两边，每队12或16人，分别称为球头、骁球、正挟、头挟、左竿网、右竿网、散立等。球头与队员的帽子亦稍有区别。比赛时鸣笛击鼓为号，左军队员先开球，互相颠球数次然后传给副队长，副队长颠数待球端正稳当，再传给队长，由队长将球踢向风流眼，过者为胜。右军得球亦如此。结束时按过球的多少决定胜负。

三、锻炼价值

在蹴鞠运动中，学生频繁做出头顶、足踢、膝顶、双腿齐飞、单足停鞠、跃起后勾等技术动作，锻炼了脚、膝、肩、头等部位的力量，促进新陈代谢，使学生机体得到全面锻炼，能够保持学生良好的体力、调动学生乐观的情绪。

四、文化内涵

《东湖春日》
宋 张舜民

湖外红花閒白花，湖边游女驻香车。秋千对起花阴乱，蹴鞠孤高柳带斜。
无数小鱼真得所，一双新燕宿谁家。故园风景还如此，极目飞魂逐暮鸦。

《晚春感事》
宋 陆游

少年骑马入咸阳，鹘似身轻蝶似狂。蹴鞠场边万人看，秋千旗下一春忙。
风光流转浑如昨，志气低摧只自伤。日永东斋淡无事，闭门扫地独焚香。

第二十九节 蹴球

一、历史起源

蹴球产生的萌芽来自中国传统体育运动蹴鞠，现今全国少数民族运动会上的蹴球比赛项目就来源于清代满族的踢石球。自 1984 年开始，北京市民族传统体育协会开始对蹴球项目进行挖掘、整合、改进，形成了相对完善的竞赛规则。1991 年，蹴球项目在第四届全国少数民族运动会上被列为表演项目，向世人展示蹴球的独特风采。经过专家、学者对蹴球的不断改进与完善，在 1999 年，第六届全国少数民族传统体育运动会上，蹴球设立了男、女单蹴，男、女双蹴，混合双蹴 5 个比赛项目，蹴球项目成为第十四个被列为传统比赛的项目。

二、游戏方法

1. 蹴球的定义

蹴球是一项双方运动员运用脚底板"蹴"球，使球通过脚掌向前滚动，根据所"蹴"的球撞击对方或者是本方球的情况来计算分数的得失，以任意一方先达到规定的分数来决定最后胜负的体育竞技运动。该项目易于在体育教学中开展，动作技能易掌握，是一项娱乐性较强的体育活动。

2.比赛场地

蹴球项目对场地要求不高，只需要一块 10×10 米的正方形平坦土地，分为停球区、中心圆和发球区。

3.比赛规则

蹴球比赛规则讲究精细和准确，每次在全国比赛之后，都会对蹴球规则进行更加完善的修改，力求规则严谨。比赛的发球顺序是由裁判员主持抽签决定的，先抽到的运动员可以选择任意一种颜色。上场运动员的编号是 1 号、2 号、3 号和 4 号，队员自身的号码与发球区域的号码是相同的。当达到 40 分或者 40 分以上，双方将互换球的颜色和顺序。比赛通则分为：发球；本球、目标球与复位球；死球、半活球、活球；蹴击球与连球；出界球；回避球；主动得分；被动得分等。当比赛双方达到 80 或 80 分以上时，比赛宣告结束。

三、锻炼价值

蹴球运动集健身、娱乐、竞技、休闲为一体，具有很强的竞技性和趣味性，在运动中可以按摩脚底板，促进血液循环，锻炼参与者的心理素质和身体的协调能力，对智力的开发起到较好的促进作用。

第三十节　珍珠球

一、历史起源

珍珠球是满族传统体育项目，由模仿采珠人的劳动演变而来，清朝时传入中原。珍珠，满语意为"尼楚赫"，满族人把珍珠当作光明和幸福的象征，满族先世女真人曾在牡丹江里采珍珠。

珍珠球运动器材比较简单，场地的选择也不严格，具有广泛的群众性。至今，在一些满族聚集的村屯，仍有开展这项体育活动的习惯。

二、游戏方法

双方对垒，每队出六名运动员，其中一名队员站在一端准备持网捕捞，三名手拿蚌形木拍的队员站在对方捕珠者前面拦截珍珠球，其他三名队员下"水"与对方队员争夺珍珠球，夺到后把珍珠球投向自己队的持网人，而对方又要设法用蚌形木拍把投来的珍珠球拦截回去。只有躲过对方拦截，把珍珠球投入自己队的持网人网里才算得分。投入一次即得一分，投入十分为一局，三局决定胜负（各地规则不完全一致）。

比赛时，区域内双方各有三名运动员负责进攻或防守，进攻者可将球向任何方向传、拍、滚、运，目的是向站在本队得分区内的持网队员投球得分。封锁区内有两名持球拍的对方队员，用封、挡、夹、按等动作，阻挡进攻队员向网内投球。每队有一名持网队员在得分区活动，用拍网试图抄（采）中本方队员投来的珍珠球。

三、锻炼价值

珍珠球运动是综合的非周期性集体运动，其技术、战术系统的实践操作与实践运用过程，是通过在对抗变化着的特定时间、位置、距离、场地、设施、环境条件要求下，运用跑、跳、投等手段来完成的。在这一过程中，无论智力、生理、心理都要承受各种复杂因素的影响，因此，科学地参加珍珠球活动，对提高人体内脏器官与感受器官的功能和中枢神经系统的支配能力、增进健康、提高身体素质和心理修养，培养集体团队精神等都有积极的作用。

通过对珍珠球运动的学习，让学生了解我国少数民族存在着多种多样的民族文化，树立民族自豪感，增强民族凝聚力，加强民族团结，弘扬民族精神。同时，通过参与珍珠球比赛，可以有效强化参与者的拼搏意识，敢于进取，学会尊重规则，尊重他人，使竞争心态更为健康，实现身体和个性的健康发展。

第三十一节　撞拐

一、历史起源

撞拐，北方也称之为"斗拐"，南方多称之为"斗鸡"。据考证，"撞拐"起源于5000年前，来自于一种假面具舞蹈——"蚩尤戏"，最早在河北涿鹿一带流行。

后来经过演变，逐渐产生了许多与摔跤类似的角力运动。

在网络上，人们以民间传统体育游戏的经典指数、运动指数、竞技指数、观赏指数为标准评选了"中国儿童十大经典游戏"，撞拐在综合指数排名中位列第一。

二、游戏方法

人数：两人或多人。

规则：基本运动形式是一腿独立，另一腿盘屈胯前，双手或单手握脚，使膝盖向前突出，以单膝攻击对方。被击出场外、双脚落地或失去平衡倒下的为输。不允许利用头和手，包括手臂、肘关节等部位作为攻击武器。

技巧：

晴空霹雳：适用于双方照面的第一回合，经过远距离高速冲刺后，高高跃起将膝盖撞向对手胸部。个矮者慎用。

凌波微步：每一步腾挪，都以匪夷所思的角度，在对手间滑过，伺机进行反击。此招适合于敌强我弱时，保存实力或拖延时间等待救兵。

泰山压顶：双方对峙中，将膝盖连同大小腿压在对方整个膝上，用力把对方挤压脱手导致双脚着地。切记不能落入对方圈套。

金刚腿：双方以膝碰膝，硬碰硬，讲求力道。若膝盖脆弱，慎用此招。

挑滑车：故意把自己的膝盖放低，诱使对方进攻，然后猛抬膝尖，把对方挑起，掀翻在地。

点穴：看准对方破绽，以膝尖顶击对方大腿根部外侧，令对手全身酥软放弃抵抗。此招适用于双方对峙中，以静制动。

玩法：

单挑：只有两个人互相对撞的游戏。

单人守擂：由一人守擂，其他人与其对阵。输者淘汰，胜者继续守擂，直到无人挑战为止。

四人对擂：双方各两人，一主将一副将，即可捉对厮杀。一般集中力量攻击对方某一人，待其中一人被击败后，再围攻对方另一人。

三人撞：两个实力稍弱者，齐心协力对付一名实力稍强者。

混战：借鉴军棋下法，主要分为两种。①歼灭战：双方相隔十余米，一声令下冲向对方，以全歼对方为胜。双方各自有兵营作为休息地，脚不能着地，对方不能攻击。但是不能老待在兵营内，如果休息超过时限，则被判负；②夺旗战：双方队形后放一砖头（书包、棍子）等物作为军旗，混战中先取得对方军旗为胜。

三、锻炼价值

撞拐是身体直接对抗的搏击类体育项目，以对抗搏击为核心，强身健体为基础，锻炼意志为目的，倡导"敢于挑战对手、敢于挑战自我"的精神。参与撞拐运动，能够发展人的力量、速度、耐力、柔韧、灵敏的素质，锻炼价值较高。

第五章　表演类传统体育游戏

第三十二节　踢毽子

一、历史起源

踢毽子，又叫"打鸡"。据史料记载，踢毽子这一运动起源于中国汉代；唐宋时期开始盛行，在民间流传极广，集市上出现了专门制作出售毽子的店铺；明朝时期有了正式的踢毽比赛；清朝时期达到鼎盛，在制作工艺和踢法上，达到前所未有的高度。清初著名词人陈维崧赞美女子踢毽子，说女子踢毽比踢足球还巧妙，比下棋还有趣味。

二、游戏方法

踢毽子有脚内侧踢（盘踢）、膝盖踢（磕踢）两种基本踢法，是各种花踢法的基础。而在这两种基本踢法中，脚步内侧踢又是最重要、最基本的技术动作。

脚内侧踢的要领是：双脚自然开立，与肩同宽，双膝微屈稳站。同时一手将毽子在胸前抛起，离手高度约20厘米。在毽子下降时，一脚站立，用另一脚内侧将毽子踢起，高度以齐腰为准，一般不超过胸部。练习几次后，换另一只脚用同样方法练习。当左右脚都熟悉了踢法后，两脚交替练习。右脚盘踢时身体微向右转，左脚盘踢时身体微向左转。脚内侧踢时要求膝向外张，小腿向内侧自然抬起，距地面25厘米至40厘米时将毽子向上踢起。踢起的毽子与身体的距离约30厘米至40厘米为宜。

膝盖踢不太常见，初学者都认为难度较大。膝盖踢的要领是：用一手将毽子在胸前抛起，离手高度为30厘米左右，双脚自然站立，一腿为支撑，另一腿提膝在距膝盖尽头8至10厘米处将毽子踢起，然后两腿互相交踢。膝盖踢法与平常踏步十分近似，只是比踏步时腿抬得略高一些，大腿与身体之间大约形成90°角，小腿与大腿之间略小于90°角，微收腹、稍挺胸，做到脚形不勾也不绷，要求自然放松。

三、锻炼价值

踢毽子是一项很好的全身性运动，它不需要任何专门的场地和设备，运动量可大可小，老少皆宜，尤其有助于培养人的灵敏性和协调性，有助于身体的全面发展，增强体质。

踢毽子以下肢肌肉协调锻炼髋关节、膝关节、踝关节等为主，以纵轴为中心摆动，增强了肌肉的力量和相应关节的柔韧性，增强了肌肉、骨骼的运动功能，又有效地预防了一些血液回流障碍性疾病。

四、文化内涵

《日下新讴》

清　前因居士

杨柳抽青复陨黄，儿童镇日聚如狂。空钟放罢寒冬近，又见围喧踢毽场。

《竹枝词》

青泉万迭雉朝飞，闲蹴鸾靴趁短衣。忘却玉弓相笑倦，攒花日夕未曾归。

《鹧鸪天·踢毽子》

三五成群俏小丫，鸿毛成撮脚尖花。翻旋羽舞千般好，跳跃毫飞一样佳。
身似燕，脸如霞，稚童闲趣忘还家。前抬后打空中绚，串串银铃漫远涯。

第三十三节　抽陀螺

一、历史起源

抽陀螺又称为"赶牛儿""打陀螺""打猴儿""拉拉牛"等。"陀螺"一词最初出现在明代刘侗、于奕正所著《帝京景物志》中，"杨柳活，抽陀螺"。1926年，在山西仰韶时期文化遗址中发掘出陶制小陀螺，表明早在4000年前我国便出现了陀螺。

二、游戏方法

在我国北方，人们喜欢在冬、春季玩抽陀螺游戏。他们用鞭子抽打陀螺，使其在冰面或平滑地面上互相碰撞或不停地旋转，以时间长短定胜负。在南方，抽陀螺是两个人的游戏，一个旋放，另一人在一定的距离处，旋放自己的陀螺撞击对方，看谁打得准，谁的旋转时间长。现在各级省市的少数民族运动会上开展的打陀螺比赛，主要是由云南拉祜族比赛改进而来。

三、锻炼价值

抽陀螺具有一定健身和娱乐价值。抽打陀螺需要全身协调用力，经常参加此项运动可以锻炼腕部力量，改善人体中枢神经系统的机能，培养人的敏锐观察力，对外界的适应和抵抗能力也有很大提高。

第三十四节　滑冰车

一、历史起源

早期的冰车是从雪上爬犁演变过来的，更适用于在封冻的江面及河面上，拖拉物品前行，后来演变成孩子们的玩具。

二、游戏方法

冰车分为双腿冰车、单腿冰车两种类型，由木板及冰刀组成。

双腿冰车灵活性不好，适合小点儿的孩子，且坐着滑得慢，跪着滑得快。

单腿冰车又称"单腿驴""单腿雷子"，只有一根冰刀，速度及灵活性非双腿冰车能比。初学者较难掌握平衡，需练习一段时间方能滑得起来。它更适合年龄稍大点儿的孩子玩。

由于冰车的种类不同，玩法并不相同，可以在同伴的助力下在冰面上滑行，可以用脚踏的方式在冰面上骑行，也可以用双手拿杖的方式在冰面上滑动前进；可以比通过固定距离所用时间的长短，或者固定时间滑行距离长短的方式进行比赛。

三、锻炼价值

滑冰车需要参与者上下肢相互配合，十分考验其平衡能力和协调能力，长期进行冰车运动不仅可以有效提高其心肺功能水平，还可以提高自身免疫力、神经系统兴奋性，促进神经和肌肉系统的协调水平的提高。

第三十五节　抖空竹

一、历史起源

空竹古称胡敲、空钟、空筝，俗称嗡子、响铃、老牛、闷葫芦等，在中国有着悠久的历史。据考证，空竹最早是由汉族民间游戏用具"陀螺"演变而来，人们在游戏中改用竹制陀螺，并在上面开口利用空气冲击发出哨声，即"鸣声陀螺"，后来"鸣声陀螺"渐渐有了"空竹"的别称。

由于历史文献中有关空竹的资料贫乏，其起源之说还存有很大争议：一说三国时期曹植就曾作过一首《空竹赋》，如果这算是有关空竹最早的记录，那它的历史至少有1700年了；一说宋代百戏杂技项目中的"弄斗"为抖空竹的前身。而台湾学者吴盛达则指出空竹出现在元朝末年，一般认为空竹源于明代的"空钟"。

二、游戏方法

1. 左右绕花线

待空竹有一定的转速后，摘扣，再把左手竿横在胸前不动，右手竿带线从左手竿外面拉到里面，然后从空竹的左下方兜住空竹轴，拉到右边再由左手竿的里面绕到外面。再从空竹的右下方绕到左边，兜住空竹的轴向上拉起。此时左手竿头低垂，两圈线绳立即脱离左竿，恢复无扣状态（提示：绕线绳时左手竿头应稍向上翘起，并与空竹轴成90度角）。

2. 金鸡上架

待空竹有一定的转速后，摘扣，将右手竿横在胸前，双手同时向上挑动竿头，使空竹跃起落在右手竿上。此时竿头应稍向上翘起，以保持空竹在竿上稳定旋转，犹如金鸡站在架上。如做左手竿金鸡上架时，竿头应低垂，以抵消空竹向左转动的冲力，保持平衡状态。

3. 左、右晴空挂月

待空竹有一定转速后，摘扣，空竹顺势从右方滑向左方。此时左手竿从空竹后轮上方回收到轴心处，成30度角，架着空竹，右手竿拉直线绳放在右胯前，此动作为左晴空挂月。待空竹在竿上旋转片刻后，左竿头向左推送空竹，使空竹下滑到右边线绳上，右手竿顺势将空竹带向右上方，右手竿从空竹后轮上方回收到轴心处，成30度角，架着空竹，左手竿拉直线绳放在左胯前，此为右晴空挂月。待空竹在右手竿上旋转，右手竿向右方推送空竹，使空竹回落到线中央（提示：抖竿应与空竹轴成90度角，以保持空竹不倾斜）。

4. 大回环（大撒把）

在做完右晴空挂月后，右竿头挂住空竹轴，向下方跟随较短距离，立刻将竿放开，左手顺势将空竹向左上方抡起，当空竹快要到头顶上方时，左手停止转动，此时悬空的空竹竿向右方落下，右手可趁势反手抓着右手竿，完成大回环（大撒把）动作。

5. 金龙抱柱（腿串）

待空竹有一定转速后，摘扣。双竿平伸，使空竹下沉到线绳中央，右腿抬起伸过线绳，悬在右边的绳上。此时，左手轻轻用力将空竹从小腿上方扔到右边的绳上，空竹顺势从右边绳上滑向左边，左手趁势提线，再把空竹扔向右边，如此重复以上动作。要求左脚站稳，右脚尖伸直，抬得不要过高（提示：左腿微曲，左脚趾抓地，以保证站得平稳）。

6. 纺纱织布（摇辘轳）

待空竹有一定转速后，摘扣。按上所述"反抄技法"反抄空竹，将空竹顺势摆到左边，然后向右边拉紧线绳，空竹会自动顺线绳滚向右方，这是左右手趁势将空竹逆时针摆向左方，此时，左竿平指前方，空竹从左竿的左边落下，右竿线绳搭在左竿上，然后左竿迅速横在胸前，线形成一个等腰三角形。然后将右手竿头穿入三角形中，用右手竿顺时针旋转来压右侧绳，空竹随之弹起。待弹起未落下时，右手竿转离右手绳，空竹自由地落到右侧绳上，右手竿再次转压右侧绳，空竹再次弹起下落。重复上述动作，右手竿不停地旋转压绳，空竹在等腰三角形中弹起落下，犹如手摇纺车一般。当空竹转速下降后，左右竿低垂使抖线脱落抖竿，双臂交叉将低垂的空竹竿向上挑起，使空竹弹离线绳，然后将线绳向左右拉直，右竿稍低把空竹接住，即完成纺纱织布花样动作。

7. 二龙戏珠（黄瓜架）

待空竹有一定转速后，摘扣。按上所述"反抄技法"反抄空竹，顺势用右竿头挑起左侧线绳，然后左竿头挑起右侧线绳，双手用力向外撑紧，并将两竿

垂直竖起，竿头向两侧稍倾斜撑紧，形成一个上宽下窄的"凶"字，空竹在下边横线上旋转，此时双手同时向前向上将空竹抛出，使空竹落在"凶"字形上面的两线绳交叉处，为了使空竹在十字交叉点上跳跃，可将双竿头向中间迅

速合拢，然后再迅速张开，空竹就会弹起落下。此二龙戏珠动作可反复做多次。

三、锻炼价值

1.抖空竹运动让学生更直接地了解传统体育，体会民族文化的渊源，培养学生的运动兴趣。

2.抖空竹是全身的运动，靠四肢的巧妙配合完成。经过反复的锻炼，从而能促进全身的血液循环，提高四肢的协调能力，促进人脑的发育，提高灵敏性，还可以延缓衰老。

四、文化内涵

《空竹赋》

三国　曹植

乐手无踪洞箫吹，精灵盘丝任翻飞。小竹缘何成大器，健身娱乐聚人气。

《凌敲台》

宋　郭祥正

高台筑千寻，胜景供远目。云烟护城郭，吴楚接川陆。

不知歌舞散，雌凤叫空竹。鬼火照残碑，应有精灵读。

《胡敲》

宋　宋江

一声低了一声高，嘹亮声音透碧霄。空有许多雄气力，无人提处谩徒劳。

玲珑心地最虚鸣，此是良工巧制成。若是无人提掣处，到头终久没声名。

第三十六节　太极扇

一、历史起源

太极扇是属于太极拳中器械的一种，太极扇的创编目的主要是为了锻炼身体。它融合了太极拳与其他武术、舞蹈的动作，将太极与扇的挥舞动作结合之下逐渐演变而成的。太极扇的招式刚柔并济、可攻可守，充满了飘逸潇洒的美感与武术的阳刚威仪，是同时具有观赏性及艺术性的健身运动。

二、招式特点

1. 轻灵沉着、刚柔相济

太极扇要求迈步如猫行，运劲如抽丝，在意念的引导下强调劲力的内在表现，含而不露、柔中寓刚、刚柔相济、轻灵沉稳。一些太极扇有明显的发劲、加速和跳跃动作，如陈式太极扇中动作均为发力动作，动作要刚中有柔，腰腿发力，转接柔顺，从而避免生硬的拙力。

2. 连贯圆活、连绵不断

太极扇的动作连绵柔缓，节奏平稳，运转圆活，动静相合。其风格动静分明、节奏强烈，这与其他武术动作的阳刚之美迥然不同。

3. 扇法清楚、身扇协调

太极扇与其他扇法相同，要求扇法清楚、力点准确、动作规范，要准确地表现出各种扇法的含义。不仅如此，它还要求具备姿势优美、潇洒飘逸、蓄发相间、灵活多变的特色。在演练中做到身与扇合，扇与神合，从而使精神、身体与各种扇法协调一致，体现"物我相合、天人合一"的道法真谛。

4. 神舒体静、内外相合

太极扇具有心静体松、神态自然、一意运身、重意不重力的特点。在姿势形态上要求立身中正安舒、头悬颈项、沉肩坠肘、含胸拔背、松腰敛臀；动作中要求意念引导、精神集中、动中求静、气沉丹田、呼吸自然，并与动作相配合。

三、游戏方法

1. 马步开扇

两脚距离大于两肩，大约中间隔两个半到三个自己脚的长度。足趾略微抓地，足心含空。两脚站定后就不要再移动。左臂伸直，左手托天，右手开扇。

2. 提膝穿扇

重心放在肩膀，单腿向双手方向，膝盖维持在手臂中间；双腿来回交替，身体姿势始终维持稳定，左臂伸直，左手托天，右手开扇。

3. 弓步刺扇

一腿向前方迈出一小步，约为脚长的三至四倍，同时膝关节弯曲，大腿近于水平膝盖与脚尖垂直；另一腿挺膝伸直。两脚全脚掌着地，上体正对前方。左腿在前为左弓步，右腿在前为右弓步。左臂伸直，左手托天，右手向斜下方刺扇，眼睛看着扇尖。

4.歇步上开扇

两腿交叉靠拢全蹲，左脚全脚着地，脚尖外展，右脚前脚掌着地，膝部靠于前小腿外侧，臀部接于右脚跟处。左腿在下为左歇步，右腿在下为右歇步。左手背于背后，右臂伸直右手持扇开扇。

5.虚步上开扇

挺胸，塌腰，脚跟外蹬，膝不过脚尖。虚步要求前腿虚，后腿实，虚实分明。要把身体的主要力量放在支撑腿上，虚步占三分。右臂伸直右手持扇开扇，左手下压。

四、锻炼价值

可以改善身体机能状况，能使人的氧气摄入量增大、呼吸加深，次数减少，呼吸肌力量增强，进而提高呼吸系统的功能；

改善精神面貌，培养自信心，树立敢于挑战的信念，加强与同伴的沟通能力；

提高人的平衡能力，强健骨骼与肌肉组织；

能够健美体魄，是肥胖儿童干预的有力措施。

阅读材料

太极扇的流派分为：陈式太极扇、杨式太极扇、莲花太极扇、四维太极扇。

陈式太极扇是在陈式太极拳的基础上创编的一套具有独特风格的武术健身项目。该套路缠绕折叠、松活弹抖、扇势多变、造型优美，极具健身性、观赏性及艺术性。

杨式太极扇是一种深受大众尤其是女性喜爱的太极健身器械。动作优美流畅，造型典雅大方，富有浓郁的现代气息。

莲花太极扇动作舒展大方、刚柔相济，扇面时开时合，武舞共融，潇洒飘逸，富有情趣。

四维太极扇是"四维太极"系列运动套路之一。具有广泛的普及性、表演娱乐性、攻防实用性和健体强身性。

第三十七节　打花棍

一、历史起源

打花棍由来已久。在古时候打花棍称为打纣棍。据说和商朝最后一任君王"纣王"有关。据一些学者考证，这"纣"字还有"最后一个"的意思。陕北的驴子运肥上坡，驴子屁股后面要有一根棍子横着，使它感到在敲打催促，只能前行，不敢后退，这棍子被叫作"纣棍"。在漫漫历史长河中，打花棍也几多沉浮。辉煌时，曾是京城皇宫贵族的娱乐消遣项目；萧条时，只得沦落街头，成为杂耍艺人养家糊口的工具。在老北京灯市口、厂甸、天桥等庙会上，都可以看到打花棍的身影。现今打花棍共分为两种形式，一种是少数民族传统的山寨打花棍；另一种打花棍则是源于北宋都城东京，如今成为北京、武汉、成都、唐山、东北等地盛行的健身运动。

二、游戏方法

1. 口诀

从头起，一拃内；双手杆，与肩宽；挟棍头，靠一边；

左右挑，稍用力；离开地，仍牢记；一拃内，别着急；

2. 招式

（1）落地钟摆

①夹棍头：用双手杆挟住花棍头起，垂直立于地面；②斜靠左：然后将花棍向左侧倾斜与地面夹角成45度左右；③分开手：左手杆不动将右手杆向右平移至与肩同宽或大于等于肩宽，并使左右两只手杆相互平行；④左右挑：左手杆发力将花棍向右挑出，花棍就会向右侧摆动；当花棍触碰到右手杆时，右手杆再将花棍向左挑出，此时花棍又会向左侧摆动；随即左手杆接住花棍重复前面的动作，就这样使花棍立在地面上，在双手杆之间左、右摆动的动作即为"落地钟摆"。

（2）旱地拔葱

接"落地钟摆"式，在右手杆发力时，有意识地将右手杆垂直向上抬起向上发力，将花棍向上方挑出；此时，花棍会自然离开地面，并向左侧手杆摆动过去；当左手杆被花棍触及时，随即有意识地向上垂直抬起左手杆向上发力，将花棍向上方挑出；此时，花棍会自然在空中向右侧手杆摆动过去；当花棍触及右手杆时，重复前面的动作。如此花棍自然离开地面的过程即为"旱地拔葱"。

（3）鲤鱼摆尾

接"旱地拔葱"式，即花棍离开地面后，缓慢直起腰身；反复做左、右手杆垂直向上挑花棍的动作，使花棍在双手杆之间左右来回摆动即为"鲤鱼摆尾"。

三、锻炼价值

打花棍运动提高了人的颈项、肩、手、眼、腿及大脑的协调性，锻炼了神经传导功能和对力量的掌控能力，也提高了颈肩部肌肉、关节力量，腿部肌肉和腰部肌肉的力量。对改善颈椎疾病、腰椎疾病、肩肘疾病和视力都有着非常积极的意义。

第三十八节　腰鼓

一、历史起源

腰鼓源远流长，寻根溯源，还得从鼓说起。鼓是精神的象征，舞是力量的表现，鼓舞结合开舞蹈文化之先河。如果说《尚书·益稷》中"击石拊石，百兽率舞"记述了原始社会人们敲打着石器，模仿兽类的形象跳图

腾之舞的话，那么《易·系辞》中"鼓之舞之以尽神"则说明鼓的出现，使舞蹈得到飞跃，成为农耕舞蹈文化的开端，是弘扬民族精神的重要艺术形式。早在秦、汉时期，将士发现敌人突袭，用击腰鼓报警，传递讯息；随着时间的流逝，腰鼓从军事用途逐渐发展成为当地民众祈求神灵、祝愿丰收、欢度春节时的一种民俗性舞蹈。

二、游戏方法

腰鼓奏法变化繁多，如中国、止点、单点、花点、乱点、长点、流水、紧三锤等。鼓点与动作结合的技法则有凤凰三点头、老虎大洗脸、雷神鼓、蝴蝶

飞、鸡啄米、马步大缠腰等。民间腰鼓队在喜庆节日里表演腰鼓舞，可多达数百人，往往分成两个队，具有竞赛性质，以增加欢腾热烈的气氛。

表演风格：

1. 通过动律的变化表达舞者的内心激情。舞者击鼓时情不自禁地微微摇头晃肩，使内在感情与外在的动律有机地结合，达到神形兼备、和谐自如。

2. 舞者挥槌击鼓威猛中不失细腻，无论是上打、下打还是缠腰打，双手都要将鼓槌甩开。

3. 做踢腿、跳跃动作时，无论是大踢、小踢或蹬腿动作，节奏欢快，难度较大，都代表了腰鼓粗犷豪爽、刚劲泼辣的风格。

4. 击鼓转身是腰鼓表演的关键。在舞蹈中凡做蹲、踢动作必有转身，转身时必须在固定的节拍里迅速完成动作的变化与连接。

5. 动律形态复杂，跳跃幅度较大。表演随着节奏的加快，脚步便开始复杂的踢踏跳跃，并加大身体左右摆动的幅度，显示出一种顽强拼搏的精神状态。

三、锻炼价值

腰鼓的主要动作由跑、跳、扭、转、闪、摇、昂、敲、跃等组成，在练习的过程中，需要全身各部位、各关节参与运动，使身体能得到全方位的锻炼。因其动作威猛、幅度大，对提高灵活能力、柔韧能力、协调能力有良好的作用。

四、文化内涵

《惜花》
宋　苏轼

前年赏花真盛哉，道人劝我清明来。腰鼓百面如春雷，打彻凉州花自开。

《畅春苑张灯赐完好归舍恭纪四首》
清　曹寅

风香绕路拂红绡，自拟长参寄具寮。湖汇万泉清地纪，春回北斗见天标。
幸无邻比喧腰鼓，懒逐游人上埞桥。宝勒金鞍少年事，祗应龛火伴幽寥。

第六章　趣味类传统体育游戏

第三十九节　欻羊拐

一、历史传承

羊拐也叫"嘎拉哈"，是羊膝盖骨，也可以用猪膝盖骨来替代。欻（chuā）本是象声词，如"欻地一下子"。口语中它变成了动词，而且音调也有了变化，变成了 chuǎ，形容极快地把羊拐撒开的声音和动作。欻羊拐是满族先人在历史发展中形成的，由于民间游戏源于大众，土生土长，容易被老百姓接受和传播，所以流传极广。在清代的时候成为通州民间常见的娱乐游戏，是七八十年代普及率非常高的校园游戏。

二、游戏方法

羊拐接近长方形，有四个形状不同的表面，每个表面有不同的名字。"针儿"是狭小的侧面；与之对称的"轮儿"是像人耳轮的侧面；"坑儿"是有凹陷的大表面；"鼓儿"是凸起的大表面。

欻羊拐玩法复杂，技巧难度大。先确定参加人先后的顺序，有连续欻（不犯规连续欻）和轮流欻（参赛人每人轮流一次），以欻多少为胜负。

犯规：①是"动"，即欻时，碰动了其他羊拐；②是"跑"，"码头"扔出后，未接住；③是"漏"，即欻到手的羊拐，又从手中漏出去；④是未按事先规定和技巧欻法等。

欻羊拐可以两个人玩儿，也可三个人玩儿，最有意思的是四个人一起玩儿，两人一组对垒，捉对厮杀。欻羊拐的四人游戏规则是：参加游戏的四个人以锤子、剪子、布的指猜方式确定出场顺序。玩游戏的第一人一把将四个羊拐抛洒在桌子上，视其相同表面数的多少计分，即针儿、轮儿、坑儿、鼓儿朝上的表面数。如两个"坑儿"和两个"鼓儿"，或其他各面的两对儿，计20分；有三个一样的，只欻这三个即可，计10分；如果出来三样，如两个"轮儿"、一个"鼓儿"、一个"针儿"，那就太杂了，没分。没分的也要欻起来，欻不好，也算输，就要换人玩了。如果一下子撒了个四个一样的，那最好，一下欻起来就得 40 分。

欻满 100 分，就要"搬针儿"。在将包扔起的过程中，把四块羊拐依顺序摆成四个"坑儿""鼓儿""轮儿"，再摆成四个"针儿"，然后再全部欻起来，就算过了关。

三、锻炼价值

欻羊拐讲究的是眼疾手快，两手配合娴熟默契，能够培养学生灵敏性，还能锻炼身体，锻炼眼力、头脑与手的协调性。同时，也在欻玩儿的过程中体验着无穷的乐趣和成就感。

第四十节　织花线

一、历史起源

织花线在中国不同的地域，有不同的称法，如线翻花绳、翻花、翻花鼓、挑绷绷、解股，等等。这是一种利用绳子玩的游戏，只需灵巧的手指，就可翻转出许多的花样。河南东南部把该游戏称为"开胶"。国外的材料则有毛线、麻线、呢绒绳或棉纱绳等，在马来西亚，翻绳用的绳子一般是橡胶圈。

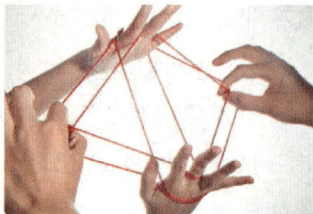

织花线是女孩子最喜欢的游戏之一，用一根绳子结成绳套，一人以手指编成一种花样，另一人用手指接过来，翻成另一种花样，相互交替编翻，直到一方不能再编翻下去为止。这个游戏最大的乐趣在于翻出新花样，展现自己的聪明才智。

二、游戏方法

游戏的玩法是先打个小巧的结，环绕于单手或双手，然后撑开，准备动作就做好了。翻花绳分单人和双人两种。

单人的玩法：将绳圈套在双手上，用双手手指或缠或绕或穿或挑，经过翻转将线绳在手指间绷出各种花样来。

双人的玩法：一人以手指将绳圈编成一种花样，另一人用手指接过来，翻成不同的花样，相互交替，直到一方不能再翻下去为止。

织花线在世界上不同地域和种族中都是非常普遍的游戏。现今有数千种翻法，其中一些还非常复杂。一些常见的花样有专门的名称，如"面条""牛眼""麻花""手绢"等。

织花线的花样：二人挑翻的有双十字、花手绢、面条、牛槽、酒盅、媳妇开门等；一人挑翻的有乌龟、蚊子、松紧带、金鱼、香皂盒、桥、喇叭、秋千、降落伞、太阳落山等。

三、锻炼价值

织花线游戏主要依靠手指来操作。每一个造型图案，需要手指完成撑、压、挑、翻、勾、放等一些精细的动作，需要左右手配合一致，每根手指巧妙地分工。在这一过程中，手指、手腕、双侧肢体的灵活性、精确性和实际操作能力，都得到不同程度的发展。许多科学家也都证实，手与脑之间有着千丝万缕的联系，手指的动作越复杂、越精巧、越熟练，就越能促进脑神经的发展，还能够提高合作能力，增强自信心。

第四十一节　跳井

一、历史起源

跳井游戏也称"瞎子跳井""青蛙跳井""憋死牛"等，是二十世纪七八十年代盛行的益智棋类游戏，因其游戏过程不需要任何器材、简单易行，在课余生活中能给孩子带来很多快乐，所以在校内校外都非常流行。跳井游戏在其传承过程中，几经演变出现了多种玩法，但其形式大致相同。

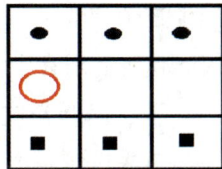

二、游戏玩法

1. 在地上或桌子上画一个正方形，再在正方形内画上对角线，在正方形的左或右任意一条边上画上一个小圆圈，当作一口"井"。游戏双方在各自一边的两个角上摆上棋子，一次一步，轮流走棋。除了画"井"的那条线为死路不能走棋外，其他七条线均可走棋，但无论双方谁先走，第一步不能走"井"边上那条线的棋子。按照这样的规则，双方走棋，直到一方的棋子无路可走，只能走画"井"的死路，即分出胜负。

2. 游戏双方各有三颗石头，石头可以直着走，侧着走，目的是将对方的石头逼到无法行动，那么对方的石头就需要跳井，即视为移除游戏，谁先把别人的所有石头逼到跳井，谁就获胜了。

3. 西瓜棋：双方各执六子，棋子可随地取小石子、小土块、小树枝、小纸团等，只要能与对方明显区别就行。行棋规则很简单，通过猜单双拳定先后，每子沿线走一步。如三子连成一圈，围住对方一子，可以吃掉，以一方被吃光为输。也可输的一方下一棋盘先行。

三、锻炼价值

该游戏能锻炼儿童的反应和记忆力，能够发展学生思维，非常有趣。

第四十二节　藏猫猫

一、历史起源

藏猫猫是指一种小孩子们通常玩的游戏，通称捉迷藏，亦称摸瞎子。即蒙住眼睛寻找躲藏者的游戏。最早只是一种儿童游戏。两千年前即流行于希腊，蒙住一人双眼，把他转得不辨方向，然后大家向他这个"瞎子"呼喊取乐，蒙眼者追捕，众人躲闪，这种游戏在中世纪成为成人游戏。

二、游戏方法

首先选定一个范围，大家经过猜拳或一定规则之后，选定一个人先蒙上眼睛或背着大家数数，可长可短，而其他人必须在这段时间找到一个地方躲藏，时间到后那个人去找其他人，最先找到的人为下一轮找的人。没有被找到，且最后回到出发点没有被寻找者发现的人，将不参与第二局的猜拳，直接成为躲藏者。游戏可反复进行。

三、锻炼价值

该游戏具有很强的趣味性，参与人数根据场地大小，没有明显限制。在游戏过程中可以让学生体验快乐，能够促进学生间的交流，增进同学间的感情。

四、文化内涵

《琵琶仙·中秋》

清 纳兰性德

碧海年年，试问取、冰轮为谁圆缺？

吹到一片秋香，清辉了如雪。

愁中看好天良夜，知道尽成悲咽。

只影而今，那堪重对，旧时明月。

花径里、戏捉迷藏，曾惹下萧萧井梧叶。

记否轻纨小扇，又几番凉热。

只落得、填膺百感，总茫茫、不关离别。

一任紫玉无情，夜寒吹裂。

《杂忆五首》

唐 元稹

寒轻夜浅绕回廊，不辨花丛暗辨香。忆得双文胧月下，小楼前后捉迷藏。

阅读材料

2014 年 1 月 1 日，吉尼斯总部认证官程东在四川彭州举行的"吉尼斯世界纪录——世界最大规模捉迷藏官方挑战赛"上现场进行认证，共有 1437 人有效参与活动，刷新了 2012 年 2 月 10 日卡塔尔多哈市卡塔拉文化村的斯坦德大学创造的 1240 人的捉迷藏参与人数最多世界纪录。

第二部分　传统体育实施路径

第一章　传统体育游戏的价值

第一节　传统体育游戏的历史文化内涵

　　传统体育游戏是传统体育文化的重要组成部分，它因民间传统习俗和文化需求而生，在历史长河中不断地发展、演变而形成的。早在周朝时期，作为官方规定的教育内容"六艺"，就将射箭这项体育运动作为君子修养的必修内容，孔子、荀子、墨子等思想家都是射箭这项运动的爱好者。可见中华民族自古就有热爱运动的传统，千百年来体育一直是文化艺术创作的重要题材，水浒传中生动地描写了高俅陪徽宗赵佶蹴鞠的场景；《车马出行图》《宋太祖蹴鞠图》等绘画作品中描绘了古代体育的盛况；"夸父逐日""逾高绝远"等神话传说和历史典故讲述了田径运动的发展变迁；描写体育运动的诗词歌赋更是不胜枚举，如王维的《寒食城东即事》，陆游的《晚春感事》等生动地刻画了古人体育娱乐的场景。

　　透过这些艺术作品、史志资料，我们可以还原传统体育游戏的起源、演变过程和各个时代的模型，畅想他们在历史长卷上书写的辉煌篇章。管窥当时的社会风土人情和社会现状，因此传统体育游戏具有很高的历史文化内涵。

第二节　传统体育游戏的节日文化内涵

　　我国自汉代形成了比较固定传统节日，到了唐代传统节日的内容由原始图腾崇拜转变为以宗教、祭祀、庆典、聚会等为主要内容的娱乐庆祝活动。传统体育作为这些活动的载体得到了完善、发扬和传承，因此传统体育既具有传统节日文化内涵又兼具仪式文化内涵。比如春节：投壶、踩高跷、骑竹马、舞狮、舞龙灯；元宵节：观灯、舞狮、舞龙、跑旱船、扭秧歌、踩高跷；端午节：赛龙舟、射箭、马球；清明节：踏青、放风筝、打秋千、戏水、划船、蹴鞠；重阳节：登高等。

　　通过传统体育游戏的学习与传承，可以让学生了解传统体育背后的节日传说、节日习俗、节日礼仪、节日娱乐、节日禁忌，获得完善的节日文化体系。在进行传统体育游戏的过程中还可以增强学生对民族文化的认知，对族群的认同，是爱国教育的重要途径。

第三节　传统体育游戏的军事文化内涵

如果说劳动是人类文明的源泉，那么军事伴随着劳动产生和发展。古代将士为了提高战斗技能，发明了许多训练士兵的方法，如射箭、剑术、武术、田径、拳术、狩猎等训练项目。这些项目经过发展演变逐渐流入民间成为传统体育的资源，不断得到开发和利用，使广大劳动人民参与到体育游戏中。如武术、摔跤等体育项目，骑马跑、撞拐等体育游戏中也蕴含着中华民族军事文化的魅力。

据文献考究，军事体育发源于夏、商、西周时期，御车、武舞等是当时体育训练的主要项目，射箭更是当时教育的主要内容。秦汉时期军事体育蓬勃发展，《汉书·艺文志》中记载了大量的骑射方法，对后世影响深刻的蹴鞠运动诞生于这个时代。宋元时期军事体育渐趋完善，宋神宗建期间举办武学，相扑运动成为禁军必修科目。《水浒传》第七十四回"燕青智扑擎天柱　李逵寿张乔坐衙"的章节中就有关于相扑运动的描写。明清时期军事体育得到空前发展，摔跤、狩猎成为风尚，具有军事教育意义的象棋得到推广、普及。

由上述文献可以看出军事体育作为中国传统体育的一个重要分支，经过不同时期的流传、演变、融汇，最终形成了具有鲜明民族精神，彰显中华民族传统底蕴的灿烂文化。

第四节　传统体育游戏的民族文化内涵

体统体育是中华各民族传统体育的总和，每项传统体育游戏都或多或少的包含各民族风俗和文化的物质，具有独特的外在特征，是本民族人们体育生活不可缺少的要素，其鲜明的特点和丰富多彩的组织形式使其具有民族性和民俗性。随着国家城市化建设的进程，各民族、各地域的人们迁徙、交流日趋频繁，如黎族的竹竿舞、满族的珍珠球、傣族的赛龙舟等少数民族特有的传统体育项目已经或正在成为中华民族大家庭共有的体育精神财富。通过学校的体育环境建设、体育文化宣传、课堂体育教学等形式传承这些少数民族的传统体育项目，可以让学生了解不同地域、不同民族的风土人情，促进民族的融合。

第二章 传统体育在课堂教学中的实施路径

第一节 传统体育游戏融入体育课堂的可行性分析

一、项目种类多，规则简单便于学习

传统体育游戏包括跳方格、花样跳绳、掷沙包、滚铁环、丢手绢、撞拐、跳山羊、木头人等种类多样的游戏项目，能够满足学生对于身体练习的多种需要。

传统体育游戏的优势之一，即游戏规则简单。对于小学生而言，传统体育游戏的规则简单，便于学生理解以及游戏的实施。例如在"木头人"的传统体育游戏中的游戏规则则可以用一句儿歌反映："我们都是木头人，不能说，不能笑，也不能动，不能叫，我们都是木头人，看谁做得最最好。"口令完毕，立即保持静止状态，无论本来是什么姿势，都必须保持不动。

如果有一人先忍不住说话，或者笑，或者行动，则这个人是游戏失败者。其他人可以打他的手心惩罚，并且叫口令："你为什么欺负我们木头人，木头人不说话！"然后再开始下一轮木头人游戏。传统体育游戏以其简单的规则为其在学生中的应用以及学校指导组织提供前提。

二、经济投入少，成本较低便于普及

传统体育游戏优势之二，即开展所需经费很少。有些几乎零成本就可以开展，利于不同经济条件的各地学校全面普及开展。

例如跳房子，是一项趣味性很强的传统体育游戏之一。其开展游戏的成本很低，不需要特殊的游戏材料，是一种比较简单和廉价的游戏。玩的时候，只需要一块相对平整的地面，一个粉笔头或者比较硬一点的能在地面上画出痕迹的东西，比如小瓦片、石块、砖块等。游戏开始前，先在地面上画出大小适中的方格状或飞机状的房子，区分出方格和半圆之间的轮廓。再比如，丢手绢的传统体育游戏。用一块手绢或者一个能够代替手绢的物品以及一小块平坦开阔的场地就可以开展。学生通过此游戏的参与，对反应能力、灵敏素质、速度素质等各项身体素质有较好的发展，并且不需要花费过多资金，可谓用最原始、最经济、最有传统民族情怀的方式让学生的身体素质得到提高。

三、娱乐趣味高，学生喜欢便于开展

民族传统体育游戏的优势之三，是相比其他体育游戏和身体锻炼的项目来说，其趣味性更强、学生对此的兴趣和参与积极性非常高，真正使学生能够主动自发地进行游戏练习，从而促进其在学校中普遍开展。

传统体育游戏的内容生动具体、形式活泼，许多游戏还配有朗朗上口的儿歌和口令，比如在丢手绢中的"丢丢丢手绢，轻轻地放在小朋友的后面，大家不要告诉他，快点快点抓住他，快点快点抓住他"，以及木头人游戏中的"我们都是木头人，不能说，不能笑，也不能动，不能叫，我们都是木头人，看谁做得最好"等等。通过朗朗上口的儿歌以及形式多样的开展形式，便于在学生群体中的开展。在跳房子的传统体育游戏中，有非常丰富的游戏玩法，比如怀旧经典得分制，也有新创玩法循环制，多种游戏规则和玩法使得学生对于游戏更感兴趣，从而便于开展。

四、游戏变化强，体育课堂便于引入

民族传统体育蕴涵着很多游戏成分，具有集趣味性、娱乐性、健身性为一体的功能。游戏变化强表现在游戏形式多变性等方面。比如跳绳的传统体育游戏。跳绳项目包括单人跳、双人跳、多人合作跳等多种形式。跳绳动作的多变化也是娱乐趣味元素的主要原因之一，比如单人单脚跳、单人结合各种动作的单双脚跳、双人配合的各种动作的组合跳、一带一跳、同摇轮流跳、胯下挽花、多人的彩虹跳、蝴蝶跳、绕八字等种类繁多形式各样的游戏形式的变化。在体育课当中，教师可利用这种多种游戏练习手段的变化，利用诸如此类游戏项目的性质特点，将其引入体育课堂，提高课堂的趣味性和实效性。

第二节　传统体育游戏融入体育课堂教学的有效性分析

一、促进特色校园体育文化的形成，有利于传统体育文化的传承

校园体育文化是指在校园的特定范围内所呈现出的特定的体育文化氛围。民族传统体育是民族文化的重要组成部分也是人类体育的重要组成部分。它是带有民族特点的文化表现形式，又是具有民族色彩的文化形态。将传统体育游戏引入校园，是对传统文化的一种传承，通过游戏，使学生了解此游戏的历史来源、发展等。从而通过各种传统游戏的整合、实施后，经过一段时间的发展

形成学校独特、颇具传统意义的校园体育文化。

例如在太极扇的传统项目中，将太极文化与武术两者进行有机组合。太极拳套路和武术套路都是我们民族的传统体育项目，博大精深，将此种传统体育项目引入学校是对传统体育文化的一种传承。

二、激发学生参与体育锻炼的兴趣，有利于终身体育意识的养成

学校体育是终身体育的基础，学校体育在终身体育的体系中，起着承上启下的作用，是终身体育的重要一环，是人们奠定终身体育基础的关键时期。学校体育中学生处在 6~22 岁年龄段，是从学龄儿童进入青春发育期的关键时期，也是有目的、有计划、有系统地全面锻炼身体，促进身心健康，掌握体育的知识、技术、技能，养成锻炼身体的习惯，培养体育意识的重要时期。这个时期，身体生长发育得如何，直接影响着学生的一生。

《全国普通高等学校体育课程教学指导纲要》中明确指出："涉及世界优秀成果与继承弘扬我国民族传统体育相结合。要注意体现教材的时代性、多样性，并要充分体现教材的民族性和中国特色。"由此可见，学校体育是培养在校学生树立终身体育思想意识，养成经常参与体育锻炼习惯的关键时期。传统体育游戏项目及内容可谓丰富，适合在学校体育活动中开展，而且传统体育游戏项目趣味性强，对学生具有较强的吸引力，能够促进学生参与体育锻炼的积极性。传统体育游戏具有特殊的魅力，在体育课中开展能够为学生提供更多愉悦身心的健身项目，在参与中体验到体育锻炼的快乐，这也是落实"终身体育"教育思想的好途径。

三、培养学生民族自豪感，有利于学生的德育培养

民族自豪感来源于对本民族的历史文化、传统精神、现实状况、未来发展等表示高度认同，充满信心的乐观主义情感。通过将传统体育游戏项目引入体育教学的课堂中，使得现在的小学生能够了解传统体育游戏项目、了解通过历史的不断发展，这种传统体育游戏的发展历程以及特殊的育人和强身健体的意义。比如通过练习太极扇，能够了解我国传统武术的博大精深，从而使学生建立对于传统体育项目的认同感。武术作为我国的四大国粹之一，从古至今，体现了我国武术人的智慧和精神。通过对武术的学习，进一步了解武术人身上所具备的自强不息、坚强毅力等等的优良品质，以此为榜样和动力，从而促进其在德育方面的发展。

四、提高学生身体素质，有利于学生强健体魄

身体素质包括身体形态和身体机能。身体机能主要包括速度、力量、协调、柔韧、耐力等方面。传统体育游戏的众多项目中，每一项都与塑造和增强游戏参与者的身体形态和身体机能有着非常密切的联系。比如参与者通过编花篮、跳皮筋、跳绳等传统游戏的练习，可以对练习者身体形态、协调性等身体素质方面有积极影响。在撞拐、跳方格的体育游戏中，能够对练习者的下肢力量、灵敏性、爆发力、空间位置感等方面有所加强；在掷沙包的游戏中，对练习者的上肢力量、协调性、上肢爆发力等方面都有所提高；在跳绳的练习中，对练习者上下肢的协调性、耐力素质都有很好的促进作用；在太极扇等游戏项目的练习中，对练习者柔韧素质也有很好的促进和提高作用。

传统体育游戏与常规体育课堂中有关身体素质的练习相比，均有非常显著促进身体素质提高的作用。但传统体育游戏具有较强的趣味性、灵活性、健身性等特性，从体育课目标出发，有针对性地选择与主教材相搭配的民族传统体育游戏，既活跃了课气氛，又利用游戏激发学生对体育课的兴趣，从而提高学校体育课堂的教学效率。

第三节　传统体育游戏融入体育课堂教学的原则分析

一、健康第一原则

"健康第一"的原则是体育课堂教学的首要原则，无论体育课堂教学教授何种内容，首先要保证的是学生的身心健康，这是学校体育的目标，是学校体育的指导思想。只有在健康第一的思想指导下，体育课堂教学才能顺利可持续地开展。传统体育游戏是在众多传统体育的项目中挑选、创造出来的，不仅具有健身的功能，还具有培养学生坚强意志品质、爱国主义情操、相互合作等健心的隐形功能。任何教学内容引入课堂教学要同时具备促进学生身心发展的功能，如果仅仅只是偏重一方，那就没有落实健康第一的原则，就不能成为教学内容。在众多的传统体育项目中可引进的项目并不都适用于体育课堂教学，尤其对于小学生而言，需要以趣味性、游戏性为主，淡化技术，将以简单技术的传授和体能练习融合为一起，这样才能达到锻炼学生身体，促进学生健康心理发展的目的。对于抽陀螺这个项目而言，需要在场地条件允许的情况下开展，

否则很容易产生安全隐患；对于放风筝则需要在特定的场地、合适的天气条件下进行，在小场地或者周围有高大建筑物的环境则不适合开展。

二、适宜负荷原则

负荷包括负荷的量和强度两个方面，对于身心健康发展而言，要保持负荷在合理的范围内，小学生具有有效集中注意力时间短、疲劳快恢复快的特点，因此对小学生的负荷有其特定的特点，不能采用成人化的负荷。如果负荷过大将会使学生过于疲劳，容易造成学生兴趣下降、容易拉伤，也就达不到锻炼的效果。对于体育课堂教学中不同部分融入的体育游戏应该具有不同的功能，对于准备活动而言，中低强度的负荷比较合理，因为准备部分是为基本部分做好身心的准备，即充分的活动身体各部位的关节和肌肉以便更好地为主教材服务。如果主教材是传统体育游戏，那么就应该将规则、学生的兴趣、语言的引导、情境的设置结合起来，让学生在玩中学，练中学。对于辅教材而言，要注意同主教材相互配合，防止单一肌肉持续发力造成局部运动疲劳或者损伤。对于结束放松部分而言，则是以轻快、愉悦的游戏放松身心。骑马游戏对于下肢的负荷较高，一般而言作为主教材比较合适，用于结束的放松部分则负荷过大。

三、简单易行原则

学生一节体育课的时间为 40 分钟，过于复杂的体育游戏一方面浪费宝贵的课堂时间，使得学生尤其是低年级的学生很难理解，降低学生的学习兴趣，也可能使得教师的讲解和示范增加难度，因此对于传统体育游戏要精简其规则，并对其进行创新改革使其更加符合小学体育课堂的实际。小学阶段是培养兴趣的关键阶段，趣味性强、简单易操作是学生坚持进行的重要动力。如果墨守成规，许多高难度的体育游戏将不可能走进校园和每一个小学生的课堂中，例如骑马打仗这类游戏，安全隐患较高，不适合直接引入课堂教学中，如果将马换成小垫子或者纸片等物品夹住，将冲撞改成贴或者撕名牌的规则，那么这个游戏的安全性、趣味性、普及性将会大大提高。对于丢手绢的游戏，大部分学生可能一节课都是坐在地上，学生的参与率较低，学生兴趣很容易转变，可以通过分小组、增加手绢个数等形式提高学生参与的人数和次数。

四、循序渐进原则

循序渐进是传统体育游戏引进到体育课堂教学的重要原则之一，因为不同年龄阶段的学生身心发展的特点和顾虑不一样，只有根据其年龄特点和性别特点安排相应的游戏才会收到事倍功半的效果。例如对于一二年级的学生来说丢手绢比较合适，对于五六年级的学生而言，吸引力则大大降低。对于课堂的不同部分也应该遵循循序渐进的原则，准备部分中游戏的负荷不易过大。对于不同类别的体育游戏也应该分阶段进行，低年级的走、跑、跳这类的游戏简单便于开展，对于表演类如花样跳绳、毽子这类则对于中高年级的学生更为合适。对于一些高难度的项目，可以采用逐渐提高难度的教学策略，让学生逐步的打牢基础掌握其技能。例如踢毽方法一般为单脚踢、磕踢、盘踢这三种，先从单脚踢开始然后是盘踢，对于磕踢一般是在中高年级开展，当然由低到高、由易到难的原则并不是固定不变的，有时候难点先行效果可能会更加突出。

五、教育性原则

对于传统体育游戏，首先要突出其地域特色，培养学生知家乡的意识和爱家乡的情怀，同时也让学生感受到中华传统体育文化的源远流长，培养学生的民族自豪感和自信心。民族的就是世界的，学生了解传统体育文化是对中华文化的保护乃至传承。体育就是一个大的市场，对于一些古老的体育项目或者游戏我们要想方设法地增加其运动人口，使其能够流传。同时在传统体育游戏的教授和练习中要注重德育的培养和规则意识的培养，重视课堂生成性资源，让体育游戏不仅起到锻炼身体的作用，还能够成为学生德育培养的重要教育阵地。传统体育游戏的教育性原则也在一定程度上了切合了身心全面发展的教育目标，因此传统体育游戏将人文性的精神要素添加其中，这样才会使得传统体育游戏在体育课堂教学中的融入更加顺畅。

第四节　传统体育游戏在体育课准备部分的融入方法

一、一般准备活动

准备活动部分的目的在于改善学生各肌群、关节、韧带的柔韧性与灵活性，提高了机体机能的协调性，降低学生受伤的风险，使其能更好地掌握体育知识、技术、技能，帮助学生以饱满的精神和良好的身体状态参加到体育课的学习活动中来。然而传统的体育课准备活动，教师通常采用徒手操、慢跑等形式，长此以往学生会产生厌倦情绪，学生参加体育课的积极性降低，使得教学效率下降。

为充分调动学生练习的兴趣与积极性，教师可把传统体育游戏融入到准备活动当中。例如推铁环练习可以作为慢跑热身的辅助练习，其方法是学生人手一套铁环，6人一组按跑道站立准备，沿自己的跑道推铁环慢跑热身，以推铁环慢跑热身取代单调的绕跑道慢跑，可以提高学生热身积极性；跳皮筋练习可以活动学生全身的肌肉和关节，作为热身运动，其方法是全班学生分成4组，每组两名同学拉着皮筋，其他同学以同样的方式进行跳皮筋练习，所有学生轮换着拉皮筋，时间为5分钟。此外，传统体育游戏的选择也可结合教学内容，以提高传统体育游戏的针对性，促进体育课程教学的实施。例如抽陀螺，发展学生上肢的灵活性，以及上肢快速挥臂的能力，其方法是将参加比赛的学生分成两组，开始后大家同时抽陀螺，看看哪一组的陀螺能坚持到最后，最后一个倒地的组获胜。率先倒在地上的陀螺，被称为"死陀螺"，只能任由对方敲击惩罚；跳房子可以发展学生的跳跃能力。其方法是首先排定游戏顺序，游戏开始，先由第一人将布沙袋抛进第一格，用单脚跳跳进第一格，接着用单脚将布沙袋踢进第二格，然后用双脚跳进第二格，再将布沙袋双脚夹进第三格，接着用单脚跳进第三格，这样单脚、双脚地交替踢布沙袋，直到布沙袋踢出第六格，双脚跳出第六格，算一次成功，可得10分，然后再从第一格重新做起。若在某格失误，可在下一轮时，从失误格做起。几轮以后，以得分最多者为第一名，以此类推。

二、身体素质练习

身体素质是人体完成某个动作过程中表现出来的固有能力。人体在肌肉活动中所表现的力量、速度、耐力、灵敏性及柔韧性，统称为身体素质。同时它也指人体在运动、劳动和生活中所表现出来的力量、速度、耐力、灵敏性及柔韧性等机能。

体育课堂中的身体素质练习主要针对主教材进行安排和设计符合小学生各年龄段的练习方法，从而提高学生的力量、速度、耐力、柔韧性和灵敏性等素质。身体素质练习是体育课堂中重要的教学环节，这一阶段的学习具有枯燥单调、负荷量大的特点。为保证这一环节的教学效果，教师可将传统体育游戏引入学生身体素质的训练当中，以传统体育游戏所特有的趣味性调动学生练习的积极性，提高身体素质练习的效果。在身体素质训练中，相关动作难度往往较小，以体育游戏活动的形式达成身体训练的目标是可行的，教师可探究身体素质训练的创新模式。具体而言，依据教学目的，教师可选择不同的传统体育游戏活动。

1.力量素质练习

力量练习针对小学生而言主要是快速力量练习为主，着重于上肢、下肢、全身的爆发力练习。例如陀螺相扑主要发展学生的上肢力量和爆发力，其方法是准备一个有开口的硬纸盒，将纸盒放在地上，距离纸盒4~6米处画一条直线作为起点。游戏需要两个人一起玩，由猜拳决定开始顺序，开始时两人均退到起点线后，先后将陀螺打入纸盒中，由于两个陀螺都在纸盒中高速的旋转，因此碰撞时就会有一个被撞出盒外，陀螺被弹出者就输了，若其中一人未将陀螺打入盒中，也算输，若陀螺都没有弹出盒外，则重新开始，直到有一方陀螺被先弹出盒外，比赛结束；跳圈练习主要发展学生下肢力量和爆发力，其方法是每个学生双手持环将铁环固定在不同高度的地方，练习者依次跳入不同高度的圈内，既可练习学生的弹性能力、小腿的爆发力、大腿的力量同时可以培养学生勇于克服困难的精神品质。

2.速度素质练习

速度素质是人体快速运动的能力，一般将其分为位移速度、动作速度、反应速度。对于上肢的动作速度可以通过陀螺掷远比赛予以发展。其目的是发展学生上肢鞭打速度，方法是在地上画一个直径约30厘米的圆圈，开始时每个人先把陀螺打在圆圈内，然后再跳出去，跳出去的陀螺必须还在旋转才算成绩，用卷尺测量，离小圆圈的圆心最远者就是胜利者。

对于位移速度可以采用推铁环折返跑游戏，其目的是提高学生快速跑的能力，其方法是：场地的长度为10米，4人一组按跑道站立准备，听哨声推铁环沿跑道快速前进，到达10米处，折返往回跑，以先到达终点者为胜，通过此游戏，既可以提高学生快速跑的能力，还可以发展学生控制铁环的能力。

3.灵敏素质练习

灵敏素质是指人体快速改变方位随机应变的能力，是一种综合的能力，涉及力量、速度、耐力、协调性等。发展其灵敏素质的方法主要有过独木桥练习，其目的是发展学生的协调性及灵敏能力，方法是用3个木板及支撑板模仿成有一定坡度的独木桥，要求学生要将铁环顺利的推过独木桥，这就要求学生要有很强的平衡感及上下肢的协调性，及时调整手的力度，发力的方向等；抢圈游戏其目的是提高学生的灵敏素质，方法是组织学生按圆形站立，内侧放置铁环，开始后学生按同一方向跑动，听到老师的口令后就近跳到铁环内，没有铁环的同学接受相应的惩罚，抢圈游戏可以提高学生快速反应的能力以及学生的弹跳力和身体平衡性。

4. 柔韧素质练习

柔韧素质是指人体关节最大活动能力，具有见效快消失快的特点。可以通过超级铁环游戏，发展腿部柔韧性。其方法是将学生均分成若干组，各组成纵队站好。比赛开始，各组队员依次纵叉或横叉，相邻两个人的脚必须套在同一个铁环里，全组队员连成一条直线，直线最长的一组获胜；看谁放得远游戏，其目的是发展背部柔韧性，方法是让每位学生坐在起点线处，双腿并拢，手拿一个毽子，利用坐位体前屈的动作，将毽子往远处放，要求膝盖不要弯曲，看哪位同学的毽子离脚的距离最远。

此外，在身体素质训练教学中，教师应适当设置体育游戏的活动内容及时间，考量学生的身体负荷能力及运动量，并制定相关安全措施，以规避意外事故的发生。

第五节　传统体育游戏在基本部分融入

基本部分主要以主教材的形式出现，按照由易到难、由浅入深的顺序循序渐进地教授动作技能，融入体育游戏，让学生始终保持趣味性。内容又可分为主教材和辅教材，主、辅教材要注意上、下肢的合理搭配。

在基本部分教学中，应根据课程的目标和主要教材的性质与学生的特点，安排一些必要的辅助性练习、诱导性练习或提高身体素质的练习，以便学生更好地掌握教材内容和提高身体训练水平。在小学体育教学中，学生要通过大量的训练才能掌握体育技能，而体育技能水平的提升也需要不断地训练与应用。但是，单一的训练方法并不能有效激发学生的学习兴趣，具体体现于课堂氛围的不活跃、学习效果成效低等方面。故而，教师可将传统体育游戏引入体育技能学习的教学环节，从而有效改善上述问题。

一、传统体育游戏在田径类教学中的应用

1. 跑步类

推铁环百米跑练习，可以作为训练学生快速跑能力的辅助练习，其动作方法是 6 人一组按跑道站立准备，听哨声推铁环沿跑道快速前进，要求学生的铁环必须在自己的跑道内前进，以先到达终点者为胜，通过此游戏，既可以提高学生快速跑的能力，还可以发展学生控制铁环的能力；8 字跑练习其目的是作为提高快速跑能力的辅助练习，方法是将学生分为人数相等的 8 组，各组成员依次采取绕 "8" 字的形式绕过预先放置的 5 个毽子（每 3 米放置一个毽子），到终点后，采用 "单脚内侧踢毽" 或 "脚背直踢毽" 的方式踢毽子五次，之后原线路返回。以游戏的形式让学生始终保持趣味性，提高快速奔跑中绕过障碍物的能力；蛇形推铁环练习，可作为发展学生变相跑能力的辅助练习，方法是 2 人一组，起跑后 10 米处开始按场地设置蛇形跑，即每隔 5 米设置一个标志杆，共 6 根，绕完 6 根后立即原路返回，通过蛇形跑练习，可以提高学生变相跑的能力。

2. 跳跃类

跳踢毽子游戏作为提高跨越式跳高双脚依次过竿的质量的辅助练习，其方法是用绳子将毽子系起来并固定在不同的高度，学生选择不同的高度进行原地用左（右）脚磴地单脚起跳后右（左）脚踢挂在空中的毽子的练习。提高跨越式跳高过竿摆腿的连贯性，同时也提高了学生的弹跳力和平衡性。跳铁环游戏作为发展学生纵向跳跃能力的主教材，其方法是在场地上每隔 50 厘米处放一个铁环，每排放 6 个。共计放 4 排，学生分成 4 组，站在起跳线后，比赛开始后，每位同学双脚起跳，连续跳过每个铁环，然后跑回起点与下一位同学击掌出发，用时最少者获胜。

3. 投掷类

投掷毽子游戏，作为投掷实心球、沙包和垒球的能力的辅助练习。其方法是用毽子代替实心球进行上手前抛毽子练习或后抛毽子练习，练习时可以将学生分成男女生组，一组投掷毽子，一组用脚踢投掷过来的毽子，既能提高投掷能力还能提高学生接踢毽子的能力；掷远比赛作为发展学生上肢的爆发力以及快速鞭打能力的辅助练习，其方法是在地上画一个直径约 30 厘米的圆圈，开始时每个人先把陀螺打在圆圈内，然后再跳出去，跳出去的陀螺必须还在旋转

才算成绩，用卷尺测量，离小圆圈的圆心最远者就是胜利者。

二、传统体育游戏在球类教学中的应用

1. 篮球教学

急停推铁环游戏，其目的是作为篮球快速反应能力练习的辅助练习，方法是 6 人一组按跑道站立准备，听哨声推铁环沿跑道前进，再听哨声立即停止前进，再次听哨声开始前进，如此反复，发展学生的快速反应能力、平衡能力及速度素质；蛇形推铁环练习，其目的是作为发展学生篮球运球变相能力的辅助练习，方法是 2 人一组，在起跑后 10 米处开始按场地设置蛇形跑，即每隔 5 米设置一个标志杆，共 6 根，绕完 6 根后立即原路返回，通过蛇形跑练习，可以提高学生变相跑的能力。

2. 足球教学

踢毽练习作为足球颠球运动的辅助练习，其方法是把手中的毽子系上一根绳子踢，可以用膝盖磕踢，也可以两脚交换踢，也可以脚内侧、脚外侧、脚掌、脚背踢；踢毽射门，作为足球射门的辅助练习，其方法是练习者用脚将毽子踢到大小不同的圆圈内，根据难度确定得分，或者用直线划分不同的区域，每个区域得分不同。

3. 排球教学

铁环接球可以作为排球正面双手垫球的辅助练习，方法是学生从起点推铁环至 10 米处，然后双手拿着铁环接老师抛过来的排球，老师抛 10 个球，接进铁环里的排球多，且用时少者为胜；毽子掷远游戏作为提高排球扣球挥臂速度的辅助练习，其方法是将学生分成两组，面对面站着，一组以扣球挥臂动作投掷毽子，一组用脚踢投掷过来的毽子，练习 10 组，交换练习方法，即能提高学生挥臂速度，又能提高学生接踢毽子的能力。

三、传统体育游戏在体操类教学中的应用

推铁环变队形练习，作为队列队形的辅助练习，其方法是学生人手一套铁环，分为人数相等的小组组成圆形，均朝同一方向推铁环转圈走，听口令变换成一个大圆，再听口令变换为方形，不仅可以锻炼学生令行禁止，还可培养成员间的团结协作能力，提高学生的空间感和距离感。

第六节　传统体育游戏在放松部分的融入

体育课的放松部分是一堂完整体育课的重要组成部分，其主要的目的是使学生上课时的兴奋情绪逐渐平缓、使机体从剧烈的运动状态过渡到相对平静的状态，避免骤起骤停对身体造成伤害。传统体育游戏在放松部分的融入，不仅能够激发学生的兴趣，调动学生参加放松活动的积极性，还能够使其兴奋点得到快速转移，进而更高效地缓解与放松学生的身体器官。与传统结束教学的方式相比，在课程的放松部分安排一些舒缓、轻松的传统体育游戏，可以帮助学生放松肌肉、关节等身体部位，以平缓、愉快的心情结束体育课。

推铁环绕圈练习作为慢跑热身的辅助练习，其方法是学生分为四组，人手一套铁环，围绕成四个圆圈，进行绕圈推铁环走练习，进行放松活动，以推铁环绕圈走取代单调的拉伸运动，可以提高学生的兴趣和积极性。

传统体育游戏在小学体育课堂中既可以作为主教材也可以作为辅教材，既可以在准备活动中也可在基本部分或者结束部分进行融入，融入的形式多种多样。传统体育游戏的融入不仅可以将学生的学习兴趣和热情充分激发出来，使学生可以更加积极主动地参与到体育知识的学习中，同时也可以促进学生基本体育技能的不断提高。另外，传统体育游戏与体育教学结合的教学方式，也改变了传统体育教学方式单一的现状，进一步丰富了学校体育课堂的教学内容与形式，大大提高了学生的学习兴趣，同时也帮助教师更好地进行授课，让学生在轻松的游戏氛围中愉快地学习。

第三章 传统体育在课外活动中的实施路径

第一节 传统体育游戏融入课外体育活动的路径

传统体育游戏融入学校的课间活动并不是一蹴而就的事情，而是需要在前期调查研究的基础上进行方案的拟定、实施、评价，这样才能决定引入何种传统体育游戏，是全员普及还是重点班级开展，是引入多项还是重点集中一项。对于小学阶段而言，传统体育游戏的引入对其在课间参与体育锻炼起到重要的促进作用，学生对于有趣的体育游戏或者传统体育项目能够积极主动的参与其中，为此需要进行精心的谋划，科学的实施，这样才能够保障其实施效果。

一、学校现状全面分析，综合设计

任何方案的引入都需要对其进行全面的分析，结合学校的人力、物力、财力现状，分析学生的实际情况、领导的重视程度、学校的场地资源等情况，在优势、劣势、机遇、挑战等全面分析的基础上再决定传统体育游戏是否能够引入到课间体育活动中。小学阶段的课间体育活动要注重与课堂教学、课余体育训练衔接起来，形成体系，这样整体的设计才具有持久的动力。

例如踢毽这项运动对于场地的要求较少，可以在操场、走廊等任何平面整洁的地面开展，全员开展这个项目需要较多的财力支持，而且对于低年级的学生来说，此技术的难度较大，如果学校没有良好的踢毽氛围，学生的兴趣并不会持续太久。大风天气对于踢毽的影响较大，因此全校全员全时开展踢毽这项运动对于没有室内馆的学校来说并不现实。在选择传统体育项目或者游戏时要注意对身体影响的全面性，上下肢协调发展，上肢与下肢的练习内容尽量交替进行。

二、体育游戏统一教授，分开练习

学校体育是一个整体，主要包含课堂教学、课间体育活动、课余训练，对于传统体育游戏技术和规则的传授，可以将课堂教学与课间活动结合起来，两者相辅相成。

在课堂教学中，可以进行基本技术和规则的渗透与练习，然后在课外活动中开展统一的练习；也可在前期利用大课间、课间操的活动时机全校统一教授技术和游戏规则，然后以班、组为单位分开进行练习。这样既可以保障技术动作的学习，也能够帮助学生提高自身的技能，没有时间的积累，没有量的积累，技术水平不可能提高。

例如竹竿舞这项民族传统体育项目，需要有人敲杆、有人跳跃，一般而言是课堂教学中进行统一的教授与练习，尤其是起始阶段的传授在课堂教学中实效性更高，也更有效果，然后在课间活动中进行练习，以班级为单位，班级中以小组为单位在体育骨干、班主任的带领下在固定的位置进行练习，对于学生尽快习得竹竿舞十分有利。如果学校较小，则可以根据年级进行练习，不同的年级每周学习不同内容，对于低年级而言，运动技能水平较低可以集体练习徒手敲杆或进行无杆子的跳跃练习，对于中高年级而言可以相邻班级之间进行相互的练习。

三、全校分层管理领导，听从指挥

全校性每天实施的方案需要科学的管理制度，在中小学而言一般采用校长、班主任、体育教师、其他科教师共同负责的制度，这样才能够上下一盘棋。校长是总负责人，校领导是具体计划的监督者，体育教师是计划的制定和实施者，班主任及其各科教师是班级具体的监督领导者，负责纪律的维持和安全隐患的排查，以保证活动的顺利进行。

如果学校没有统一的领导，只有体育教师的方案，那么就不一定能够保证其顺利实施，一旦学校领导牵头做这件事情，对于方案的整体实施能够起到巨大的促进作用。在冬天进行传统体育游戏活动是一项挑战，如果校级领导带头和教师、学生一起参与到课外体育活动中，那么所有的教师就会看到这项活动的重要性，便会加倍努力去做好这项工作。尤其是对于公共体育器材的维护和及时的更新需要教师各司其职，让学生养成良好的习惯，促进和谐校园的建成，同时教师也应该以身作则，给学生树立榜样，按时出操、主动爱护学校体育器材。

四、活动内容整体规划，及时调整

一般而言传统体育游戏较多，选择适合本校的传统体育游戏并将其进行合理的安排是十分重要的，需要根据季节、学生水平、学生数量、学校师资等协调安排，同时也要根据学生学习的具体情况及时做出调整，这样才更符合实际。任何计划都只是对未来的规划，不确定因素很多，尤其是涉及人数较多、项目较多时，需要及时根据学生的情况进行调整。

例如学校在教授踢毽、跳绳、竹竿舞、绑腿跑、藤球等传统体育游戏或者项目时，不同的年级每周的训练内容不重复，保证学生兴趣。同时为了保证完成课间操的传授，可以在大课间将课间操和传统体育活动结合起来，先进行某一套或者几套操的练习，然后再进行传统体育活动，小课间期间则以班级为单位，按照预定的计划进行练习。同时也要根据不同班级的练习情况及时调整，并根据学校、区县的特色选拔相应的运动员进行集中训练，将课间体育活动与课余体育训练结合起来。

五、活动方式形式多样，以赛促学

体育教学是一个能把人的体质、意志、精神和智慧融为一体的综合过程，根据学生的年龄、心理、生理的差异，以及兴趣的广泛，对小学段的学生们制定活动方式尽可能的多样化、趣味化。在不同的游戏以及练习中激发兴趣。教师在指导教学中强调学习内容的重要性，刺激学生产生挑战自我的心态，通过比赛增强学生练习的动力，从而达到活动的效果与目的，促进学生的身心发展。力求提高学生的健康素质，发展学生的健全人格。

例如在课外活动中根据学生不同学段，分出低、中、高三个组，利用传统体育项目的多样性，分配给每个学段组别不同的练习项目，通过练习后进行组内的竞赛。完成比赛后可再利用一次练习进行内部的反思与总结。在下次活动中将三个组的练习项目进行轮换，从而使本校的学生都进行过至少三种项目的学习，又通过比赛激发了学生的兴趣。在各年级段的竞赛中，更利于选拔出优秀队员，集中练习。

六、评价过程全面科学，身心一体

在《体育与健康》课程标准实施的过程中，评价不仅有利于促进学生知识、技能的掌握，而且更有利于促进学生掌握学习知识、技能的过程与方法，培养学生积极的运动情感。评价要充分考虑学生的个体差异，全面评价学生的学习情况。学习评价中应以学生的综合素质为参考，既要考虑学生的学习能力、学习效果等智力方面的因素，又要兼顾到学生在学习过程中的态度、习惯等非智力因素。这样才能全面地、科学地进行评价。小学生自我评价的能力很低，不管自己的动作怎样，他们都认为自己是最棒的。因此教师应抓住小学生急于表演心理特征，进行鼓励性评价，使他们对自己充满信心。教师在评价时一定要掌握好语言艺术，恰到好处的赞语，就像是滴滴甘露，能滋润着学生的心田，树立学生的自信，点燃学生的希望，成为指引他们一生进取的灯塔。

例如课间活动中学生进行跳绳练习时，评价一定要注意个体差异，基础好的与基础差的不能都设定统一的评价标准，以鼓励性的评价促进每个学生体质的进步。在集体操练习中，不能紧盯着动作较差的学生进行批评，要以表扬的评价方式，鼓励表现优异的学生，让学生从内心去争取进步，从而在不打击自尊心的情况下，达到练习标准，达到身心健康发展。

七、活动体现以人为本，注重差异

在传统的体育教学模式中，教师作为主导地位，教师教什么学生学什么，这是一种不平等，不符合现代教育理念的方式。以人为本求实创新，以科学的教育发展观为核心促进新时代的体育教学模式的产生，要求以学生为主体，以健康第一为理念，尊重学生的个性和感受，采用人性化，多元化的措施，培养学生对体育运动的兴趣，提高学生参与运动的积极性，进而提高学生的学习效率。在以人为本的前提下，要求教师在课间活动的教学中，要根据学生所选的运动项目，身体健康状况和运动技能等的不同进行分层次教学，充分考虑学生的个体差异，在教学过程中区别对待，对不同学生采用不同的教学方法，力求每一名学生都有所进步。利用统一的练习方式以及统一的评价标准，就会造成有的学生"吃不饱"，有的学生"吃不消"的现象，从而达不到教学目的。

例如在课间活动中加入音乐，音乐是体育训练的辅助手段和表现形式，优美明快的旋律能够使学生在欢快的气氛中得到更好的锻炼，提高表现力，调动学习积极性，还可以缓解紧张消除疲劳。例如女生的节奏性和稳定性较好，可以采用竹竿舞游戏，增强身体协调性，男生活泼好动，可以采用绑腿跑增强团队配合感和集体荣誉感。

第二节 传统体育活动在课间活动开展的注意事项

一、体育游戏的开展要确保实现课间体育活动目的

课外体育活动是学生在校进行体育锻炼重要的组成部分，它不仅能够增强学生体质，缓解学习的压力，而且对学生的身心健康有良好的作用，能够促进学生德、智、体、美全面发展，在学校的体育与健康教育教学工作中有着非常重要的地位。而体育游戏在课外活动中的运用，不但可以以其趣味性充分调动学生参与体育活动的积极性和主动性，而且能够发展学生的个性，提高学生的

身体素质和运动技能，培养学生团结协作、热爱集体和遵纪守法的优秀品质。如抓沙包、踢毽子、弹弹珠不仅能够发展学生的上下肢协调配合能力、灵敏协调能力和上下肢力量，还能激发学生参加体育活动的主动性、积极性，培养学生团结协作的意识。

二、课间体育活动与课堂教学应相辅相成

课间体育活动的内容与体育课堂上的教材不同，它既没有系统规范的目标体系，也没有教材的单元性，更没有对身体练习的技能性和负荷量做出具体的要求。它的内容丰富多彩，形式各种各样，主要有广播体操、小游戏、小比赛和简单易行的健身方法，形式非常机动灵活。

课间体育活动对学生的身体素质、运动兴趣都有着非常积极的作用，而体育课堂是学生掌握运动技能、学习体育知识的主要途径。课间体育活动对于课堂教学效果有积极的影响作用，而课堂教学对于体育课堂活动的开展具有积极的推动作用，两者相辅相成。

例如打陀螺、滚铁环等，这些传统体育游戏可以作为课堂教学的辅助内容来发展学生身体素质。例如打陀螺可以作为发展上肢鞭打能力、手眼协调能力、上肢力量的辅助教学手段在课间活动进行练习，对课堂教学中发展上肢力量的教学内容进行巩固提高，同时学生对体育课上的教学内容产生了兴趣，就会在课间活动中"接着玩"，甚至从生活实践中接受启发，创编一些游戏和比赛。

三、对于课间方案应大胆设计敢于创新

在课间方案的设计上，要避免课间活动项目的单一性，要积极地对课间体育活动的内容进行不断地创新调整和完善，让课间体育活动项目不断地更换新鲜的血液，让课间体育活动丰富多彩。例如跳绳运动，可以在课间体育活动中开展各式各样的花式跳绳，通过花式跳绳的多种跳法（双摇、编花跳、单脚跳、弓步跳、多种方式的带人跳、敬礼跳、快花、同步直飞），用具有观赏性的动作和难度来调动学生参与的积极性。课间方案的创新也可以从活动的组织形式、活动内容和背景音乐的选择上进行一系列的创新，来不断充实活动内容，激发学生的运动兴趣，增强课间体育活动的"生命力"，提高课间体育活动的质量。

四、课间体育活动应操作简单便于实施

课间体育活动的对象是全校学生，甚至是全校师生在同一时间内共同参与的活动，加之我国大部分小学规模都比较大，班额也比较大，人均占有资源，

包括人均活动面积和人均占有器材都非常有限。因此，课间体育活动的内容应操作简单便于实施，以利于所有学生更大程度地参与课间体育活动中。例如，滚铁环，也叫推铁环，是我国广泛流传的传统体育游戏，其具有很强的游戏性、健身性，加之器材比较简单，场地要求较低，练习的方法多种多样，并且非常简单易学，因此受到了广大少年儿童的喜爱。利用铁环不仅可以使学生熟练掌握钻、滚、套等各种技术动作，而且还能激发学生的创造力与想象力，使他们在运动中不断地发现和创造，同时，也使这项运动的内容更加丰富多彩。

五、传统体育游戏应突出趣味、简单、时效

传统体育游戏是各地区民族游戏中流传和延伸出来的，融入学校课间活动中的传统体育游戏一定要符合小学生身心发展的规律和学生的求知欲。因此传统体育游戏应突出趣味性：如踢毽子，低年级开展踢毽比准（活动者用脚将毽子踢到大小不同的圆圈内，根据难度确定得分），为了得高分学生一定会使出浑身解数；再如高年级增加踢毽得动作，可单脚即可双脚完成盘、蹦、拐、磕、抹、勾等动作，也可以变化踢毽的顺序，踢毽的个数，激发学生的兴趣和竞争意识。传统体育游戏还应突出简单性和时效性：如蹴鞠游戏，在学校现有的云梯上安置不同大小的呼啦圈，学生即可开展蹴鞠比赛，充分利用场地、器材，课间10分钟就能踢一场小比赛，还能提高小学生足球颠球、传球等技术，为发展校园足球奠定良好基础。

六、课间体育活动应注重民族性功能

传统体育游戏有着浓厚的地方色彩和民族风情，它传承着民族文化、提升着民族精神和民族凝聚力，对小学生身心发展有不同的促进作用，同时还培养着学生的爱国情怀。如壮族的竹竿舞融入课间活动时，激发了学生学习的兴趣，丰富了学生对少数民族文化的了解，喜欢这项游戏的学生们自编一套竹竿舞，并在运动会开幕式上进行表演，在有节奏、有规律的碰击声中，不仅提高了学生的跳跃能力和学生的灵敏性，更体现了民族性功能。传统的广播操活动学生觉得枯燥、乏味，在课间操中增设太极扇、太极拳既丰富了课间操的活动内容，同时还继承和发扬了中华民族重礼仪、讲道德的优秀传统。

第三部分　传统体育实施案例

《助跑几步，一脚蹬地起跳，越过一定高度横绳》教学设计

马志国

<table>
<tr><th colspan="6">教学案例基本信息</th></tr>
<tr><td>融入的教学环节</td><td colspan="5">准备部分、基本部分</td></tr>
<tr><td>开始时间</td><td>0</td><td>结束时间</td><td colspan="3">40 分钟</td></tr>
<tr><td>学科</td><td>体育</td><td>学段</td><td>水平二</td><td>年级</td><td>四年级</td></tr>
<tr><td>案例名称</td><td colspan="5">助跑几步，一脚蹬地起跳，越过一定高度横绳</td></tr>
<tr><td>教材</td><td colspan="5">书　　名：体育与健康
出 版 社：人民教育出版社
出版日期：2002 年</td></tr>
<tr><th colspan="6">教学案例设计参与人员</th></tr>
<tr><td>分工（可修改）</td><td>姓名</td><td>单位</td><td colspan="3">联系方式</td></tr>
<tr><td>设计者</td><td>马志国</td><td>通州区永顺镇中心小学</td><td colspan="3">——</td></tr>
<tr><td>实施者</td><td>马志国</td><td>通州区永顺镇中心小学</td><td colspan="3">——</td></tr>
<tr><th colspan="6">教学背景分析</th></tr>
<tr><td colspan="6">1. 教学内容分析
跳跃是人体的基本活动能力之一，是从日常生活中的自然跳跃发展起来的
本课教学内容是作为蹲踞式跳远完整动作的辅助性手段。主要强化学生一脚起跳后双腿屈膝腾越一定高度或双腿前伸越过一定高度横绳的意识。本次课强化学生一脚起跳后双腿屈膝腾越一定高度横绳的动作。增强弹跳力和身体的灵敏协调性
2. 学生情况分析
四年级学生的年龄为 9、10 岁左右，该年龄段学生活泼好动。但本班学生中借读生很多。他们的身体素质较好，但没有养成良好的习惯。他们在三年级的体育课中，对跳跃的项目有了初步了解。本次课主要是提高学生的弹跳力和身体的协调性，同时初步掌握脚起跳后双腿屈膝腾越一定高度横绳的动作
通过创设情境与游戏，来激发学生学习兴趣，通过教师的语言调动学生的兴趣，在游戏中多鼓励学生，增强学生的自信心，利用创设情境与团队比赛，培养学生互帮互助、团结协作的良好品质</td></tr>
<tr><th colspan="6">传统体育融入的目的</th></tr>
<tr><td colspan="6">1. 促进特色校园体育文化的形成，有利于传统体育文化的传承
2. 激发学生参与体育锻炼的兴趣，有利于终身体育意识的养成
3. 培养学生民族自豪感，有利于学生的德育培养
4. 提高学生身体素质，有利于学生强健体魄</td></tr>
<tr><th colspan="6">教学目标</th></tr>
<tr><td colspan="6">1. 通过练习，使 85% 左右的学生初步掌握起跳后双腿屈膝越过横绳动作。体验助跑与起跳相结合的动作。发展学生的身体跳跃协调能力
2. 通过游戏教学，发展学生弹跳力、判断力和快速反应力以及控制身体的协调能力
3. 培养学生不畏困难、勇敢果断以及敢于挑战自我的品质
教学重点：腾空后屈膝收腿
教学难点：助跑的速度与起跳的紧密结合</td></tr>
</table>

续表

		教学过程			
教学阶段	教师活动	学生活动	传统体育融入的方式	融入意图	时间安排
开始部分 一、课堂常规 1. 体委整队 2. 报告人数 3. 师生问好 4. 宣布内容 5. 安排见习生 二、队列练习 1. 原地踏步 2. 齐步走——立定	1. 师生问好 2. 宣布本课内容和任务 3. 提本课要求 安排见习生 1. 提出练习要求 2. 组织学生练习	1. 体委整队并报告人数 2. 向老师问好 3. 认真听讲，明确本课学习要求和目标 1. 认真听讲 2. 积极练习	无	无	3分钟
准备部分 一、绳操 阳光炫舞 二、跳竹竿 要求：精神集中、注意安全	1. 讲解游戏方法 2. 提出游戏要求 3. 学生一同游戏 4. 巡视观察 5. 教学小结	1. 认真听，明确游戏方法 2. 认真听，了解游戏要求 3. 学生与教师一同进行游戏 4. 学生积极参与 5. 学生反思			
			跳竹竿：全班分成4组，每组8~10人。一组打竹竿，一组跳，然后再轮换。打竹竿的人分成两排，跳竹竿距离约3.5米，面对面盘腿坐下或双膝跪地，每人双手各执一根竹竿的顶端，成若干组平行状。在音乐伴奏下，由一人统一指挥或唱歌，手持竹竿者随着节拍，同时向下不断地敲打粗竹竿，并且每对细竹竿随着音乐鼓点的节奏时开合，不断地变换节奏、图形和方位。跳竹竿的人随着或快或慢的节奏，在交叉的竹竿中跳跃	通过跳竹竿的传统体育游戏，提高学生的身体灵敏度和协调性，提高人体肌肉力量和关节灵活性。促进学生的生长发育，在游戏体验中，提高学生的合作能力	7分钟

续表

基本部分 一、蹬地起跳，越过一定高度的横绳 重点：腾空后屈膝收腿 难点：助跑速度与起跳紧密结合	1. 教师示范讲解上一步单脚起跳双脚落地 2. 教师观察指导 3. 教师分析学生练习中存在的问题 4. 教师指导 5. 教师提示动作要领 6. 在练习中教师观察指导 7. 教师评价小结 要求：练习认真、遵守纪律、注意安全	1. 学生认真听讲 2. 学生分组练习 3. 学生跟随教师练习 4. 学生分组 5. 慢跑几步，单脚起跳双脚落地练习 6. 分两组，在木箱上体会腾空后屈膝收腿 7. 利用本箱为"踏板"，越过高度皮筋练习			27 分钟
二、打花棍 打花棍有点打棍、来回扫棍、旋转扫棍等打法 基本跳法有左跳、右跳、上跳、跨跳、跳起转体等	1. 教师讲解示范打花棍方法 2. 教师领做 3. 教师组织学生分组练习 4. 教师巡视指导 5 教师组织学生组间比赛	1. 学生认真听讲，明确方法 2. 学生自主练习 3. 学生分组练习 4. 学生小组练习 5. 学生比赛	打花棍由三根 60 厘米长的直棍组成。其中左右手各握一根称为手杆，剩下的一根称为花棍，并在花棍上用同等距离标注三个圆环线。用手里的两根手杆分别击打花棍的不同部位，使花棍的运动轨迹发生改变，高抛低挑，上下翻飞，左右旋转，做出空中翻、滚、转、跳各种花样动作	打花棍是一项兼具锻炼价值和趣味性的传统游戏，在游戏过程中不但可以培养学生的平衡性、肢体的协调性而且对学生上、下肢都有锻炼作用。是学生喜爱的一项体育游戏，特别对培养学生上肢灵活和灵敏性有很大的帮助	
结束部分 一、放松整理 二、教师总结本课 三、师生再见，安排专人收器材	1. 教师带领学生进行放松 2. 教师小结 3. 师生再见，安排专人收器材	1. 跟随教师放松 2. 学生认真思考 3. 师生再见，收器材	无	无	3 分钟

学习效果评价
本课力求常态，教学方法做到简单实效，遵循新课标改革原则，让教师从教学的"控制者"变为教学的"促进者"，学生要在巩固单跳双落的基础上，学习和掌握腾空步，并逐渐形成连贯动作；在教与学的过程中，通过教师示范、学生观察体会、教师引导、语言激励、学生尝试体验等方法来完成本课的教学

本教学设计与以往未融入传统体育教学设计相比的特点（300~500 字数）
在本课的教学过程中，在准备活动和跳跃教学中我采用了以下的设计： 　　1. 准备活动必须做充分，要有实效性，还要调动学生的练习积极性。首先安排了学生和我共同创编的绳操，他们感到快乐和成功！专项练习中，利用了民族传统的"跳竹竿"游戏，学生在欢乐的气氛中了活动身体各关节，有效地保证了学生的安全，同时检验了学生的合作能力 　　2. 在助跑跳过一定高度的横绳练习中，学生有效、合理地运用了木箱的功能，学会助跑起跳后双腿屈膝落地的动作 　　本次课通过简单易行的教学方法，充分体现了教学的实效性

教学反思
通过本课教学，发现学生体育习惯较好，特别是引入了"跳竹竿"和"打花棍"内容，学生的练习兴趣和积极性很高，也是传统游戏融入课堂的一种有效尝试。还要特别强调安全意识。在教学中要特别注意对学生因材施教，让每个学生都有所收获

《两脚依次跳短绳》教学设计

赵航

教学案例基本信息				
融入的教学环节	准备部分、基本部分			
开始时间	0	结束时间	40分钟	
学科	体育	学段	水平一	年级 二年级
案例名称	两脚依次跳短绳			
教材	书　名：体育与健康 出版社：人民教育出版社 出版日期：2002 年			
教学案例设计参与人员				
分工（可修改）	姓名	单位	联系方式	
设计者	赵航	通州区永顺镇中心小学	——	
实施者	赵航	通州区永顺镇中心小学	——	
教学背景分析				
传统体育融入的目的				
1. 促进特色校园体育文化的形成，有利于传统体育文化的传承 2. 激发学生参与体育锻炼的兴趣，有利于终身体育意识的养成 3. 培养学生民族自豪感，有利于学生的德育培养 4. 提高学生身体素质，有利于学生强健体魄				

续表

教学目标					
1. 初步学习两脚依次跳短绳，使学生理解两脚依次跳短绳的动作要领 2. 使 60% 的学生能够运用两脚依次跳短绳，在 30 秒计时中达到良好标准（男 30 秒，女 35 秒） 3. 培养学生团结协作与挑战精神 教学重点：手腕放松摇绳，依次跳过 教学难点：前脚掌轻着地，上下肢协调配合，连续跳跃					
教学过程					
教学阶段	教师活动	学生活动	传统体育融入的方式	融入意图	时间安排
开始部分 一、课堂常规 1. 体委整队 2. 报告人数 3. 师生问好 4. 宣布任务 5. 安排见习生	1. 与学生问好 2. 宣布本课任务 3. 提本课要求 安排见习生	1. 体委整队并报告人数 2. 向老师问好 3. 认真听讲，明确本课学习要求和目标	无	无	4 分钟
二、队列练习 快快排队 要求：快静齐	1. 提出练习要求 2. 组织学生练习	1. 认真听讲 2. 积极练习			
准备部分 一、十二生肖模仿操	1. 教师讲解游戏方法 2. 教师提出游戏要求 3. 教师学生一同游戏 4. 教师巡视观察 5. 教师小结	1. 认真听，明确游戏方法 2. 认真听，了解游戏要求 3. 学生与教师一同进行游戏 4. 学生积极参与 5. 学生反思			6 分钟
二、跳房子 要求：精神集中、注意安全			跳房子游戏，分 8 组，每组 4 人，以猜拳的形式进行游戏。失败的一方连续做纵跳 10 次。重复游戏 2 次	通过跳房子的传统体育游戏，训练身体的平衡和弹跳能力。为"两脚依次跳短绳"的教学做好专项准备活动	

基本部分					
一、两脚依次跳短绳 动作要领：两手握绳两端，由后向前摇绳，当绳摇到体前时，左（右）脚在前跨过后，右（左）脚随即跳起，绳从两脚下依次摇转过去，继续进行 重点：手腕放松摇绳，依次跳过 难点：前脚掌轻着地，上下肢协调配合，连续跳跃	1. 教师组织学生自主练习 2. 教师组织学生集体展示 3. 教师组织学生徒手模仿 4. 教师组织学生自主练习 5. 教师组织学生持绳练习 6 教师组织学生组间比赛 7. 绳王争霸赛	1. 学生进行自主练习 2. 学生进行展示 3. 学生跟随教师练习 4. 学生认真练习 5. 学生努力练习 6. 学生进行比赛 7. 学生比赛			27 分钟
二、滚铁环 1. 50 米竞速 2. 50 米过障碍 游戏方法：用铁钩推动铁环向前滚动，以铁钩控制其方向，可直走、拐弯	1. 教师讲解游戏方法 2. 教师提要求 3. 教师组织游戏并当裁判	1. 学生认真听讲，明确游戏方法 2. 学生明确要求 3. 学生进行比赛 4. 学生反思	1. 50 米竞速。在操场上用标志桶划分 8 条跑道。进行滚铁环50 米竞速，快者为胜 2. 50 米过障碍。推铁环绕体操垫过障碍，最先绕过全部障碍为胜	滚铁环是一项兼具锻炼价值和趣味性的传统游戏，在游戏过程中不但可以培养学生的平衡性、肢体的协调性而且对学生上、下肢都有锻炼作用	
结束部分 一、放松整理 二、教师总结本课 三、师生再见，安排专人收器材	1. 教师带领学生进行放松 2. 教师小结 3. 师生再见，安排专人收器材	1. 跟随教师放松 2. 学生认真思考 3. 师生再见，收器材	无	无	3 分钟

学习效果评价
1. 通过学生自评的方式，对知识的掌握进行评价，能够连续跳跃的进行鼓掌奖励 2. 通过教师评价的方式，对技能的掌握进行评价，30 秒钟达到优秀标准的奖励小贴画一枚
本教学设计与以往未使用传统体育游戏教学设计相比的特点（300~500 字数）
本节课的授课对象为二年级的学生，学生活泼好动，模仿能力强，喜欢比赛。所以本节课我就本着比赛、游戏的形式进行。通过这两种方式可以更好地调动学生的积极性，以及学生的学习兴趣。本节课的主内容为两脚依次跳短绳，辅教材为滚铁环，同时在准备活动时丢手绢。本节课的内容上设计得很丰富，加入了与其他课不同的东西，传统体育滚铁环、跳房子，可以很好地调动学生的兴趣，学生在玩的同时就把知识掌握了。学生对滚铁环很感兴趣，因为平时不常见到这个器材，再加上以竞赛的形式进行，学生更是非常积极。加入传统体育项目的课堂，比平时的体育课的气氛更加浓厚

续表

教学反思
本节课有些方面我还要加以改正，课堂上教学氛围很好，学生很积极，也很爱练习，但是这时学生太过活跃，课堂稍显乱，老师说话学生会听不到，导致有些学生掌握不好动作要领，还有可能出现危险，这些是我要改正的

《侧面进入跑"8"字——进绳时机》教学设计

宋红蕾

教学案例基本信息					
融入的教学环节	准备部分、基本部分				
开始时间	0	结束时间	40 分钟		
学科	体育	学段	水平二	年级	三年级
案例名称	侧面进入跑"8"字——进绳时机				
教材	书　　名：体育与健康 出 版 社：人民教育出版社 出版日期：2002 年				
教学案例设计参与人员					
分工（可修改）	姓名	单位		联系方式	
设计者	宋红蕾	通州区永顺镇中心小学		——	
实施者	宋红蕾	通州区永顺镇中心小学		——	
教学背景分析					

1. 教学内容分析

跳绳近年来发展非常迅速，深受少年儿童喜爱。这一运动既注重全身的协调性，又注重学生集体配合、互帮互助、团结友爱的团队意识，非常有助于学生优秀道德品质的培养。同时跳长绳的运动能锻炼学生身体的灵敏、协调性，激发学习兴趣，增强自身跑跳结合的能力以及勇于拼搏的精神和合作能力

2. 学生情况分析

本次授课对象是小学三年级 2 班的学生，共计 36 人。他们在二年级时已经掌握了跳长绳的基本技巧，因此具备一定学习侧面进入跑"8"字能力。但是跑"8"字的方法和技巧比较复杂，因此对于学生来说具有一定的挑战性。教师更要通过巧妙的方法激发学生兴趣，并在练习的过程中增加练习次数。用相应的方法解决教学重点和教学难点，对完成动作有难度的学生适时关注，并有针对性地进行辅导

此年龄段的学生自我约束能力不强，生性活泼好动，注意力比较容易分散，教师要在教学的组织和教法的运用上、课堂安全措施和场地的布置上做好提前的预设，保证每一位学生在健康安全的前提下，身体得到锻炼并掌握技能

传统体育融入的目的

1. 传统体育游戏的内容生动具体、形式活泼，更有利于提高学生参与积极性

2. 培养学生民族自豪感，有利于学生的德育培养

3. 提高学生身体素质，有利于学生强健体魄

续表

教学目标					

1. 通过设置情境，游戏等方法使 90% 以上的学生在教师设置的闯关游戏中，基本掌握侧面进入跑 "8" 字的进绳时机，从而提高学生的灵敏性、腿部力量和身体协调性

2. 学生通过实践总结出动作技术要领

3. 通过几种练习培养同伴之间相互配合的能力，培养学生敢于挑战自我和克服困难的精神，培养团队意识

教学重点：进绳时机——绳子打地跑进绳

教学难点：进绳后跳起失败（跳起高度低、跑进速度慢、起跳过早）

教学过程					
教学阶段	教师活动	学生活动	传统体育融入的方式	融入意图	时间安排
开始部分 一、课堂常规 1. 集合整队 2. 报告人数 3. 师生问好 4. 宣布本课内容 5. 安排见习生	师生问好，说出本节课学习内容和要求	向教师问好并积极响应老师号召	无	无	4分钟
二、队列练习 1. 报数比赛 2. 原地踏步然后散开成体操队形	1. 发口令，提示动作要领与要求 2. 老师发出口令：原地踏步走和散开口令	1. 听口令，转头动作迅速，声音洪亮，精神面貌良好 2. 学生边踏步边齐声喊出：至真至善，日进日新			
准备部分 一、绳操——舞动生命	1. 老师镜面示范带领大家一起做绳操，动作示范标准到位，语言提示个别动作 2. 老师提出游戏规则，并做示范动作	1. 认真跟随老师做动作，动作标准，表情自然微笑 2. 认真听规则，游戏中注意安全的前提下争取获胜			5分钟
二、撞拐 要求：认真听讲，安全第一			撞拐，全班分为4组，每组9人。提前画好两个大圆，分两大组进行竞赛，开始两组成员都站在圆圈内，听老师哨声开始哨声结束，最后看圈里哪一组同学留下的数量多为获胜组	通过撞拐游戏，学生下肢力量得到提高，并且在反复地练习中体会了长绳中跳跃的动作感觉，为后面的技术动作学习打下良好基础	

基本部分					
一、基本内容 主要以游戏形式开展练习，并且利用鲤鱼跃龙门的情境设置层层关卡 第一轮：自动开关龙门，学生按照贴图和标志桶路线跑步，通过老师设置的自动龙门关卡；男女生各一队，通过 8 名学生组成的自动龙门关卡 第二轮：车轮门所有彩棒都向有人的方向转动，持棒人手臂抡大圈 第三轮：侧面进入跑"8"字练习 第四轮：超级无敌飞龙环节 四组学生在 2 分钟规定时间内比赛看谁跳过次数最多	1. 老师带领学生跑步，发出口令 2. 老师左右手持彩棒充当自动龙门关卡 3. 教师布置每个关卡需要完成的任务 4. 教师提问学生穿过龙门的小窍门有哪些 5. 老师宣布升级挑战，其中打地一次通过为超级无敌飞龙，打地两次通过的是小飞龙，打地三次及以上的为小小龙 6. 及时发现跳绳表现好的同学，在胸前贴上笑脸贴画 7. 随时观察学生练习情况，关注安全和任务完成情况	1. 跟随老师步伐，听口令变换队形 2. 身体尽力躲过老师的指挥棒，顺利闯关 3. 认真听讲，完成任务 4. 积极回答老师的问题，总结出自己的小窍门 5. 带着任务认真练习侧面进入跑"8"字，积极争当"超级无敌飞龙" 6. 遵守纪律，认真练习，争取获得奖励贴画 7. 注意安全，有序进行练习			23 分钟

二、游戏环节 穿越火线炸碉堡 火线：长绳拉直纵向摆放，学生通过时身体横向四肢爬行通过火线，身体不能碰到火线 炸碉堡：标志桶为碉堡，沙包为炸药	1. 教师讲解游戏规则及要求 2. 组织学生练习 3. 鼓励提示学生给本队人员加油	1. 认真听教师讲解 2. 积极参与游戏，遵守规则 3. 给同伴加油，文明用语	扔沙包游戏 全班分为 4 路纵队，每队面前都放有一根长绳即为火线，每位队员四肢并用横向穿越火线，到达沙包处取一个沙包，投向对面标志桶，没有犯规情况下把标志桶打倒且扔进沙包进圈最多者获胜	1. 扔沙包的动作有利于学生上肢力量的提高，本来简单的动作赋予特定的游戏情节，不仅符合本游戏情景设置，更有助于学生参与的主动性和趣味性 2. 本节课主要是以下肢跳跃为主，为了学生的全面锻炼需要，本节课游戏环节也就是辐教材中应该设置上肢练习项目，有助于发展学生全面身体素质	5分钟
结束部分 1. 做放松操——荷塘月色 2. 教师总结本课 3. 师生再见，安排学生收拾器材	1. 教师示范带领大家做拉伸放松 2. 点评此课 3. 宣布下课 4. 安排学生收器材	1. 跟随老师口令，配合呼吸进行拉伸 2. 认真听取点评，积极回答问题 3. 配合老师收器材	无	无	3分钟

学习效果评价
1. 学生总结学习窍门的方式，不仅可以提高学生的参与积极性，更有助于加深他们对知识的掌握和理解程度，及学习自信心的提高 2. 老师总结评价的方式，不仅可以及时纠正错误动作，而且可以正确引导学生的思维方向

本教学设计与以往未使用传统体育游戏教学设计相比的特点（300~500 字数）
本节课采用"鲤鱼跃龙门"的情景模式进行教学，激发学生上课时的好奇心，要想一节课保持学生的积极性相对有难度。因此在准备部分和基本部分通过将传统体育游戏的加入，充分激发了孩子们的学习兴趣，打破了以往学习技能过程中反复练习的枯燥和无趣。教师通过游戏方法，激发学生好奇心，然后通过游戏中遇到的困难或者受到的启发，自己总结出动作要领和难点。真正做到了全员参与和乐于参与。游戏之后的竞赛环节又充分利用学生本年龄段好胜好赛的心理特点，将每节课推向高潮。"竞游"结合法的运用，尊重儿童发展与教育心理学的关系，彻底改变了注重知识传授的倾向，强调形成积极主动的学习态度，使获得基础知识及技能的过程成为学会学习和形成正确价值观的过程。同时也改变了死记硬背和机械训练的现状

续表

教学反思
本节课内容采用较多的游戏环节，有良好的效果，同时也存在一些问题，学生兴趣提高了，必然情绪高涨，有跑动和移动的环节时，就容易出现混乱、碰撞以及摩擦擦伤等安全隐患。因此作为老师必须在每一个环节讲清楚游戏规则和要求，必须做到令行禁止，安全有秩序地进行游戏和竞赛。同时也对教师的语言表达能力提出很高的要求，讲述规则要求时，必须简明扼要，通俗易懂。让学生养成遵守纪律的好习惯。久而久之形成课堂常规以后，我们才能收获最好的教学效果

《小足球脚内侧踢球基本技术》教学设计

李震

教学案例基本信息					
融入的教学环节	基本部分				
开始时间	3 分钟	结束时间	38 分钟		
学科	体育	学段	水平二	年级	四年级
案例名称	小足球脚内侧踢球基本技术				
教学案例设计参与人员					
分工（可修改）	姓名	单位	联系方式		
设计者	李震	通州区永顺镇中心小学	——		
实施者	李震	通州区永顺镇中心小学	——		
教学背景分析					
传统体育融入的目的					
提高身体素质，强健体魄。并能培养学生民族自豪感，融入踢毽子的活动可增加教学的趣味性，有利于终身体育意识的养成。并有针对性地选择与主教材搭配，从而活跃气氛。激发学生的学习热情。调动学生练习的积极性。提高身体素质练习的效果					
教学目标					
1.初步学习小足球——脚内侧踢球，使 95% 以上的学生了解正确的踢球方法 　　2.通过小足球的学习 70% 的学生能正确掌握踢球时支撑脚的位置、击球脚的部位和方法以及击球的部位，锻炼学生的下肢力量和身体协调性、灵敏性 　　3.增强学生的自信，培养学生的团结合作能力，体验成功感，激发学生对足球运动的兴趣 教学重点：支撑脚位置，踢球腿的摆，触球位置 教学难点：脚尖外展、踝关节紧张、大腿带动小腿摆动的协调动作					

		教学过程			
教学阶段	教师活动	学生活动	传统体育融入的方式	融入意图	时间安排
开始部分 1.集合、整队、报数 2.师生问好 3.宣布本课内容 4.安排见习生 5.队列练习 ——三面转法 要求：精神集中、动作整齐	1.指定集合地点 2.声音洪亮 3.清楚、简洁 4.细致、合理 5.教师组织学生练习 6.小结练习的情况	1.集合快、静、齐 2.整齐，一致 3.集中听清 4.服从安排 5.学生随教师口令练习 6.学生认真听	无	无	5分钟
准备部分 一、一般性准备活动 1.跑图形 2.听音乐做球操 二、专项准备活动 1.踩球练习 2.双脚拉球练习 3.双脚加球前后跳 4.脚内侧拨球	1.教师带领学生做跑图形的准备活动 2.听音乐，教师和学生一起做球操 1.教师带领学生一起练习，做不同的熟悉性练习 2.明确脚内侧部位	1.学生和教师一起做准备活动 2.听音乐，和老师一起做球操 1.学生能够掌握练习动作 2.学生能够在练习的过程中熟悉自己脚的部位	无	无	8分钟

基本部分 一、脚内侧踢球动作 直线助跑，速度和距离要适宜，支撑脚踏在球侧方约一脚远，脚尖对准出球方向；踢球时，支撑腿的膝关节微曲，重心稍下降，摆动腿髋关节外展，使脚内侧对准球，以大腿带动小腿快摆击球；击球时，踝关节用力绷紧，以脚内侧击球的后中部；击球后随球跟进。脚内侧踢球口诀：无论定位和地滚，髋膝外展脚尖跷，脚踝绷紧触击球，摆幅速率注意到 重点：支撑脚位置，踢球腿的摆，触球位置 难点：脚尖外展、踝关节紧张、大腿带动小腿摆动的协调动作	1. 教师指导学生进行游戏，引出脚内侧踢球 2. 教师示范并讲解脚内侧踢球的动作方法 3. 教师指导学生踢固定球练习 4. 讲解打靶游戏规则并进行练习 5. 教师组织学生重点讲解练习中出现的问题（脚触球部位），然后学生和老师一起将提示贴贴到脚背内侧 6. 再次进行打靶游戏，把参照物选为同队员的足球 7. 为了提高学生的练习兴趣，教师指导学生进行距离 3 米的推踢球练习（上一步） 8. 教师组织学生展示上一步的脚内侧推踢球练习 9. 教师小结脚内侧踢球的方法，并进行评价 10. 教师引导学生尝试其他踢球方式 11. 教师组织学生展示其他踢球方式 12. 教师小结并进行评价	1. 学生和教师一起做准备活动 2. 听音乐，和老师一起做球操 3. 学生能够掌握练习动作 4. 学生能够在练习的过程中熟悉自己脚的部位 5. 学生听讲 6. 学生认真观察 7. 学生认真练习 8. 学生认真游戏 9. 学生认真听，并随老师一起贴上提示贴 10. 学生认真进行练习 11. 距球三米远上步进行练习 12. 学生上一步练习 13. 同学之间相互讨论，认真听 14. 学生自己尝试，并相互讨论 15. 学生展示	观看视频、教师示范、学生模仿学习	学生更快地进入学习状态，直观而高效	22分钟

续表

二、拓展游戏——踢毽子接力赛 游戏方法：比赛中把学生分为 7 组，学生跑到指定地点进行踢 10 个毽子，然后依次接力。最快的小组获胜 规则：不能超过起点、不能抢跑、必须击掌再进行下一组	1.介绍游戏内容，观看游戏视频 2.讲解游戏方法及规则 3.指导学生练习体会方法 4.组织练习，指导评判 5.宣布结果，总结评价	1.认真听讲 2.听讲，思考 3.学生练习体会动作方法 4.分组比赛 5.听讲，放松	观看踢毽子的视频，组织踢毽子接力比赛	毽子是一项兼具锻炼价值和趣味性的传统体育项目，在活动过程中不但可以培养学生的灵活性、肢体的协调性，而且对学生下肢有很强的锻炼作用。通过踢毽子接力游戏，学生能够提高脚内侧踢球的基本技术	
结束部分 1.放松活动 2.谈成功与收获 3.下课	1.教师带领学生进行放松活动 2.教师引导学生进行小结 3.宣布下课	1.学生与教师一起做放松练习 2.学生谈本次课感受与收获 3.收拾器材	无	无	3 分钟

学习效果评价
1.通过学生自评的方式，对知识的掌握进行评价，能够正确运用脚内侧踢球的进行鼓掌奖励 　　2.通过教师评价的方式，对技能的掌握进行评价，一定距离进行脚内侧踢球的考核，达到优秀的进行表扬

本教学设计与以往未融入传统体育游戏相比的特点（300~500 字数）
1.与之前相比，融入传统体育活动可增加教学的趣味性，强健体魄，并能培养学生的民族自豪感，树立信心；对脚内侧踢球的学习有一个初步的设想，在学习中更容易掌握脚内侧踢球的基本知识 　　2.学生通过踢毽子的练习，可以在课堂中更好地学习实践脚内侧踢球的技术，增强平衡、柔韧、灵敏、协调等身体素质，全面锻炼身体，掌握和应用基本的足球技能 　　3.通过踢毽子活动，加强同伴间合作，探索新的练习方法，尝试、实践并掌握几种有效的足球活动方法和游戏。可更高效地培养学生乐于参与运动的兴趣，形成坚持锻炼的习惯。全面发展学生的身体素质、心理素质，增进身心健康。培养学生良好的心理品质，在活动中表现出同伴间互相关心、互相鼓励、互相帮助的人际交往能力与合作意识

教学反思
在学生学习脚内侧踢球的基础上，融入传统体育项目——踢毽子，激发学生主动参与体育学习的兴趣，在玩中学、学中玩。让学生在宽松、和谐、开放的环境下学习、锻炼，让学生能够感受到传统体育文化的乐趣 　　在基本部分，通过观看踢毽子的相关视频，更好地了解踢毽子这项传统体育运动。组织学生进行踢毽子接力赛，加强脚内侧触物的动作，感受动作，更好地体会脚内侧踢球的动作要领。通过小组配合完成脚内侧踢球的加强练习，促进团队合作能力 　　整堂课，让学生在高涨的气氛下，在活动中享受运动的快乐，完成本课的教学目标。当练习取得成功，利用小组的活动来培养他们互帮互助的品德和集体荣誉感。不足之处还需要改正与强化，不断提高上课的教学水平

《双手正面垫球》教学设计

程利军

教学案例基本信息				
融入的教学环节	开始部分、基本部分			
开始时间	0	结束时间	40 分钟	
学科	体育	学段	水平三	年级 六年级
案例名称	双手正面垫球			
教材	书　　名：体育与健康 5 至 6 年级全一册 出 版 社：人民教育出版社 出版日期：2002 年			

教学案例设计参与人员			
分工（可修改）	姓名	单位	联系方式
设计者	程利军	通州区永顺镇范庄小学	——
实施者	程利军	通州区永顺镇范庄小学	——

教学背景分析

　　排球是一项有很高锻炼价值的运动项目，具有竞争性强、趣味性浓等特点。通过排球运动，可以发展学生跑、跳等基本活动能力，提高身体素质和动作的准确性、协调性。同时还能培养学生勇敢、顽强、机智、果断、胜不骄、败不馁等优良品质和团结一致、密切配合的集体主义精神

传统体育融入的目的

　　课堂中融入滚铁环教学可以使孩子接触新颖的运动项目，游戏性和竞争性较强，容易激发学生的学习兴趣。本节课通过探究合作进而激发学生的学习兴趣和集体荣誉感，让学生在运动中勇敢拼搏，增强自信和自尊，获得成功的体验

教学目标

　　1.通过练习，激发学生对排球的兴趣，培养学生积极参加体育活动的态度和行为
　　2.使学生掌握垫球的基本技术，发展学生的灵敏性和协调能力
　　3.认真练习，通过游戏培养学生勇敢、机智、果断的集体主义精神
　　教学重点：正确的击球点和正面垫球的姿势
　　教学难点：身体与手臂的协调动作

教学过程

教学阶段	教师活动	学生活动	传统体育融入的方式	融入意图	时间安排
开始部分 一、课堂常规 1. 体委整队 2. 报告人数 3. 师生问好 4. 宣布任务 5. 安排见习生 二、队列练习 快快排队 要求：快静齐	1. 与学生问好 2. 宣布本课任务 3. 提出本课要求，安排见习生 1. 提出练习要求 2. 组织学生练习	1. 体委整队并报告人数 2. 向老师问好 3. 认真听讲，明确本课学习要求和目标 1. 认真听讲 2. 积极练习	无	无	4分钟

准备部分 一、准备活动——球操 二、专项准备活动——让球动起来 要求：态度端正，动作协调	1.教师口令，示范 2.让学生自创动作并领做 3.分组练习，教师巡视	1.学生边看边模仿教师动作，尽力做好 2.学生自创动作练习 3.学生练习并相互讨论	无	无	5分钟
基本部分 一、双手正面垫球 1.谁看过排球比赛 2.找学生示范 3.学生与老师垫球有什么区别 4.集体纠正手形 5.垫球要点：插、夹、抬、蹬	1 教师提问 2.找学生体验 3.教师示范 4.提出重点：屈膝夹臂插球下，蹬地抬腿腕下压 5.教师进行讲解，并做示范，讲清要点 6.教师巡视指导 7.组织学生展示	1.学生举手回答 2.学生体验 3.学生观察 4.学生发现问题向教师提出 5.自己贴上"及时贴" 6.学生一对一原地练习 7.学生展示 8.学生散开练习	无	无	16分钟
二、滚铁环 自主滚铁环	1.教师提问滚铁环的动作要领（一脚在前、一脚在后，铁环直立，钩置后下，钩环紧扣，左手推环，右手推钩，铁环滚动。） 2.教师将学生分组四组进行自主滚铁环练习 3.教师巡回检查指导与纠正	1.学生积极思考并踊跃回答教师提出的问题 2.小组长将本组学生带到指定的地点进行自主滚铁环练习 3.学生之间相互学习，共同提高	滚铁环游戏使学生提高了对传统体育项目的兴趣	滚铁环是一项很有代表性的传统体育项目，可以激发学生参与民间体育活动的积极性，有助于学生了解民间体育活动的锻炼价值	10分钟
结束部分 1.放松（有氧健身操） 2.布置课后练习 3.回收器材	1.播放纯音乐带领学生放松身心 2.表扬表现突出的小组与个人 3.布置课后练习内容 4.回收器材、师生再见	1.学生分组进行身体与心理放松 2.个人自评 3.归还器材	无	无	5分钟

续表

学习效果评价
学生在掌握直线滚动的基础上，能做出转弯、绕过障碍等组合动作，发展学生灵敏、协调、下肢力量等素质 　　培养学生的运动自信心和积极参与体育活动的兴趣，在练习和比赛中培养竞争意识，养成乐于与同伴合作的意识

本教学设计与以往未融入传统体育游戏教学设计相比的特点（300~500 字数）
本次课注重排球的基本动作要领的练习，使学生将所学的基本技术能够很好地掌握，学生在学习中对动作的掌握很容易上手，用更直观的教法使学生易懂易会。本课主要是手臂练习比较多，为了充分活动学生身体各个部位，本次课合理有效地融入了滚铁环项目。滚铁环是一种通过利用铁构控制铁环前进的运动项目，学生在跑动中控制铁环，很好地锻炼了下肢，而且滚铁环集运动和娱乐为一体，其游戏性和竞争性较强，容易激发学生的学习兴趣，对促进学生身心健康有良好的效果

教学反思
本节课中，在老师主导作用的充分发挥下，学生的主体地位得以凸显，学生的练习热情高，练习积极性高，充分发挥主观能动性，因此，学生的生理、心理得到一定锻炼，教师很好地达成了教学目标。教学环节衔接自然、流畅。教学过程中及时发现错误，得以纠正。在练习中注意循序渐进原则，层层深入，逐渐加大练习的难度。在课堂中，还加入了民族传统体育项目，提高学生的学习兴趣，让学生乐于学，学于实，使学生在轻松愉快的气氛中学习 　　在准备活动环节，我还应该加入排球移动步法练习或以排球作为教具的游戏，充分调动学生的学习积极性。在教学过程中，传授或纠正学生的技术动作时，先让学生靠拢，这样更有利于观察和管理学生的举动 　　总而言之，这节课的教学内容、组织方式、设计思路体现了"新旧结合"的体育课程新理念。本节课不仅锻炼了学生的体能，还锻炼了学生的技能，加深了学生对民族传统体育活动的认识，体现了课程中以学生为主体的教育理念

《双手前抛实心球》教学设计

张雪

教学案例基本信息					
融入的教学环节	准备部分、基本部分				
开始时间	0	结束时间	40 分钟		
学科	体育	学段	水平三	年级	五年级
案例名称	双手前抛实心球				
教材	书　　名：体育与健康 出 版 社：人民教育出版社 出版日期：2002 年				
教学案例设计参与人员					
分工（可修改）	姓名	单位	联系方式		
设计者	张雪	通州区永顺镇中心小学	——		
实施者	张雪	通州区永顺镇中心小学	——		

教学背景分析

1. 教材分析

前抛实心球是投掷教学内容之一，它是学习较复杂投掷动作的基础，也是一种发展力量、协调性的基本方法。中年级教材曾经简单地介绍该内容，五年级的教材在此基础上进一步强化动作的要求，在学生练习的时候要求出手的角度，在本次课的内容中主要突出这点，在内容安排上，本着从易到难，循序渐进的方法，既面向全体，又注重个性发展，同时要注意运动安全，并采用"小组合作"组织形式来确保教学目标的实现。通过学习，使学生掌握正确的动作姿势和方法，锻炼学生的力量、关节、肌肉，培养学生遵守纪律、听从指挥、团结合作的精神和勇敢克服困难的优良品质

2. 学情分析

上课年级是五年级学生，学生对体育课有了一定的认知，自我意识基本形成，学生对体育运动有良好的参与意识，同学之间团结合作，集体荣誉感较强。五年级学生理解力强，但这个阶段的学生自我控制能力还较差，不能很好地把握这个尺度，所以要进一步培养学生的自我控制能力，学生对体育活动和体育技能有了一定的掌握，老师要做的就是把体育技能细化，让学生更深入地学习体育技能

传统体育融入的目的

传统体育游戏和传统体育项目兼顾趣味性与健身性，符合小学生的身心特点，有助于培养学生参与体育锻炼的兴趣，增加学生主动参与锻炼的时间，形成锻炼的习惯。长时间的集体体育活动是培养学生社交能力和领导力的重要手段。同时传统体育游戏和传统体育项目蕴含着丰富的历史文化、民族文化、节日文化、军事文化，其中内涵对于传承传统文化提高学生的体育文化修养具有一定的作用

教学目标

认知：初步掌握双手从头后向前抛掷实心球的方法，知道自下而上的用力顺序

技能：通过练习，锻炼学生上下肢、腰腹、肩部、背部力量和身体协调素质

情感：培养学生不怕困难的品质，使学生体验成功乐趣，激发学习兴趣

教学重点：出手角度，挥臂迅速

教学难点：全身协调用力

教学过程					
教学阶段	教师活动	学生活动	传统体育融入的方式	融入意图	时间安排
开始部分 一、课堂常规 1. 体育委整队 2. 报告人数 3. 师生问好，常规检查 4. 宣布内容 5. 安排见习生 二、队列练习 三面转法练习 要求：精神集中，动作整齐	1. 指定集合地点 2. 声音洪亮 3. 语言简洁 4. 教师喊队列口号，口令清晰	1. 集合快、静、齐 2. 整齐一致 3. 集中听清 4. 学生随口令进行练习	无	无	4分钟

准备部分 一、全身徒手模仿操	1. 教师组织活动 2. 教师带领学生做活动 3. 教师巡视纠正 4. 教师提问动作要领	1. 认真听清游戏规则 2. 学生分组进行游戏 3. 师生共同游戏 4. 学生反思回答问题			
二、扇方宝 要求：精神集中，动作准确			扇方宝游戏：生分 12 组，每组 2 人，每人 3 个方宝，以猜拳开始游戏，全部输掉为失败，失败要做蹲起 10 次，进行两次	通过扇方宝的传统体育游戏，练习手臂肌肉的力量和快速出手的方法，是很好的专项准备活动	6 分钟
基本部分 一、双手向前抛实心球 两脚前后开立，两臂屈肘，两手持球于头后，上体稍后仰，重心落在后脚上，双手持球于头后，呈反弓，然后两腿用力蹬地、收腹、挥臂、甩腕，将球从头后向前上方掷出	1. 游戏导入看谁投的准 2. 教师讲解动作方法并示范 3. 教师组织学生分组练习 4. 教师示范正确与错误动作 5. 教师组织纠正练习 6. 组织学生进行游戏	1. 学生按要求进行小游戏，注意出手从头上 2. 学生认真看，认真思考，记住动作方法 3. 学生分组听哨声进行分组练习 4. 学生看示范，思考不同处 5. 学生按教师要求进行练习 6. 学生分组进行游戏			27 分钟

续表

二、踢毽子 游戏方法：学生两人一组，一人用前抛实心球的方法投掷毽子，另一人用脚踢投掷过来的毽子 游戏规则：毽子落地后不能再踢，需要交换方法	1.教师讲解游戏内容及规则 2.组织学生分组，练习游戏 3.组织学生分组比赛	1.认真看教师示范和讲解，明确游戏方法与规则 2.分组按要求练习 3.学生反思	练习时可以将学生分成男女生组，一组投掷毽子，一组用脚踢投掷过来的毽子，练习熟练后能使两个人互踢	踢毽子，这是一项民族传统、有游戏性质的体育运动。很受儿童、少年的喜爱。踢毽子时，腿、足、腰、髋、膝、踝等部位均可得到充分活动，能加速全身血液循环、促进新陈代谢、增加肺活量、改善内脏机能，还能锻炼关节的柔韧性和灵活性，使骨骼、身躯都得到很好的锻炼	
结束部分 一、放松拉伸活动 二、教师对本课进行小结 三、师生再见组织收拾器材	1.教师带领学生一起做放松操练习 2.教师总结本次课的情况 3.下课	1.全身放松，动作舒缓协调 2.认真听讲情绪饱满 3.下课	无	无	3分钟

学习效果评价

1.通过教师评价的方式，对技能掌握进行评价，语言鼓励，手势点赞，优秀展示
2.通过学生评价的方式，对知识、技能进行评价，组员之间互评

本教学设计与以往未融入传统体育游戏教学设计相比的特点（300~500字数）

本节课的授课对象为五年级的学生，本年级学生对体育课有了一定的认知，自我意识基本形成，都有了自己喜欢的体育活动，面对不喜欢的活动，就需要老师去调动起学生的积极性。学生对体育活动和体育技能有了一定掌握，老师要做的就是把体育技能细化，让学生更深入地学习体育技能。所以本课我采取的是教师为主导、学生为主体的教学模式，就是教师提示动作要领，让学生在练习中去体会动作方法和动作技巧。教师少讲，多进行提示，来激发学生的学习动机。本节课主要内容是前抛实心球，游戏环节是踢毽子，本节课很好地融入了传统体育游戏，在主内容环节上我只对学生进行了动作关键字的提示，培养学生自己思考学习方法，在游戏环节选择了和主内容相互呼应的踢毽子，既练习了本课主要内容，还锻炼了学生的下肢力量和协调性

教学反思

本课是我的第二节课，学生具有一定的基础，对运动技能有所了解。本课的主要目的是把动作细化，但由于学生较多，有部分同学的练习我没有观察到，对学生的情况掌握得不够全面，造成了我没有及时发现和纠正学生的错误动作。此外，由于本节是投掷课，练习强度不足，应多设计一些活动，提高强度

《车轮跳》教学设计

冯菲菲

教学案例基本信息					
融入的教学环节	准备部分、基本部分				
开始时间	0	结束时间		40分钟	
学科	体育	学段	水平三	年级	五年级
案例名称	车轮跳				
教材	书　　名：体育与健康 出 版 社：人民教育出版社 出版日期：2002 年				

教学案例设计参与人员			
分工（可修改）	姓名	单位	联系方式
设计者	冯菲菲	通州区永顺镇中心小学	——
实施者	冯菲菲	通州区永顺镇中心小学	——

教学背景分析

传统体育融入的目的

1.促进特色校园体育文化的形成，有利于传统体育文化的传承

2.激发学生参与体育锻炼的兴趣，有利于终身体育意识的养成

3.培养学生民族自豪感，有利于学生的德育培养

4.提高学生身体素质，有利于学生强健体魄

教学目标

1 运动参与目标：通过本次课激发学生的学习热情，提高学生的运动参与欲望

2 运动技能目标：通过本次课，70%以上的学生能够基本掌握双脚车轮跳的要领方法并能完成动作

3 身体健康目标：通过学生练习小组学习来锻炼学生节奏跳和身体协调的能力，锻炼学生的身体素质

4 心理健康目标：体验练习过程中欢愉的感情，在小组学习的过程中培养学生的组织协调能力、团结协作精神。树立安全意识，提高学习情绪，逐步形成克服困难的意志品质

教学过程

教学阶段	教师活动	学生活动	传统体育融入的方式	融入意图	时间安排
开始部分 一、课堂常规 1.体委整队 2.报告人数 3.师生问好 4.宣布任务 5.安排见习生 二、队列练习 快快排队 要求：快静齐	1. 与学生问好 2. 宣布本课任务 3. 提本课要求 安排见习生 1. 提出练习要求 2. 组织学生练习	1. 体委整队并报告人数 2. 向老师问好 3. 认真听讲，明确本课学习要求和目标 1. 认真听讲 2. 积极练习	无	无	4分钟

准备部分 一、蛇形长绳	1. 教师讲解游戏方法 2. 教师提出游戏要求 3. 教师学生一同游戏 4. 教师巡视观察 5. 教师小结	1. 认真听，明确游戏方法 2. 认真听铭记游戏要求 3. 学生与教师一同进行游戏 4. 学生积极参与 5. 学生反思	蛇形长绳： 在场地上画一个半径5米的圆，一人持长绳一端站在圆里，其他同学则分散站到圆里。练习开始后，持绳同学在圆里抖动长绳跑，使长绳在地面上成蛇形运动，其他同学则在圆里用躲、跳、闪等动作尽量不让长绳碰到自己，如果碰到则与持绳同学互换角色	通过传统体育游戏蛇形长绳，提高学生的腿部力量及跳跃能力
二、节奏跳与热身操				6 分钟
三、双脚车轮跳动作要领：两人各持一绳，同面相距50厘米自然站立，内侧绳体后结交叉，同侧手臂以车轮状正向协同配合摇绳，并依次双脚同步跳过绕体一周的绳子，恢复基本位置停绳即完成一个双脚车轮跳动作	1. 教师讲解，让学生了解车轮跳 2. 教师完整示范动作 3. 边讲边示范 4. 教师组织学生进行辅助性练习1（单人原地左右手各持一绳有节奏地进行摇绳练习） 5. 学生分组进行不同的练习，强调安全问题 6. 教师在学生学练时巡回指导，启发学生 7. 教师讲解辅助性练习2的方法（单人原地左右手各持一绳进行摇绳并有节奏地跳起动作练习） 8. 完整动作讲解并组织学生练习 9. 教师巡回指导并进行纠错 10. 教师集中讲解易犯错误并再练习			27 分钟

重点：两人摇绳与跳起协调配合 难点：摇绳与跳起时节奏相同绳体饱满 易犯错误： 摇绳过程中绳体不够饱满； 协同配合的手臂摇绳同步； 队员间距过远或过近； 跳绳过程中身体不协调 四、撞拐	11.组织学生进行比赛（看谁跳的多）				
			撞拐：基本运动形式是一腿独立，另一腿盘屈胯前，双手或单手握脚，使膝盖向前突出，以单膝攻击对方。被击出场外、双脚落地或失去平衡倒下的为输。不允许利用头和手，包括手臂、肘关节等部位作为攻击武器	有效地增强人体腿部肌肉的爆发力、力量耐力，增强髋关节、膝关节、踝关节的灵活性；能提高心肺功能耐力和动态平衡能力	
结束部分 一、放松整理 二、教师总结本课 三、师生再见，安排专人收器材	1.教师带领学生进行放松 2.教师小结 3.师生再见，安排专人收器材	1.跟随教师放松 2.学生认真思考 3.师生再见，收器材	无	无	3分钟

学习效果评价

评价内容	评价指标	评价等级			评价形式		
		精彩 3	一般 2	差 1	自评	互评	师评
自主创新动作	除教师教授动作之外的创新花样	A	B	C			
表现力	完成成套动作时是否表现出朝气蓬勃的精神面貌和自信的激情，是否有强烈的感染力	A	B	C			
完成动作质量	在完成动作的同时是否存在失误情况；动作力度、幅度、准确性、熟练性、稳定性、节奏性、一致性	A	B	C			
平时表现	学习过程中的积极参与	A	B	C			
	学习态度、合作学习情况	A	B	C			

本教学设计与以往未融入传统体育游戏相比的特点（300~500 字数）

车轮跳是传统体育项目花样跳绳单元的一个教学内容，通过对车轮跳的教学，帮助学生了解了花样跳绳的相关知识，掌握了车轮跳的基本动作方法。在车轮跳的教学过程中，融入体育传统游戏"跳长绳"和"撞拐"的教学方式，使学生在游戏中提高身体素质，并能达到教学目标。学生在学练过程中克服了恐惧心理，增强了勇敢精神，提高了体能素质。教师步骤清晰明了，循序渐进，效果明显。教师能在课堂上关注学生的个体差异和发展需求，注重创建和谐的学习环境，力争使每位学生通过学练都能获得原有基础上的进步和发展，较好体现了以学生发展为中心和关注个体差异等课程理念

教学反思

本节课教学认真贯彻新课程标准指导思想，树立"健康第一"的教学理念，以学生发展为中心，重视学生的主体地位，培养学生创新精神和实践能力。车轮跳是一个培养学生相互配合及身体协调性的锻炼项目，在教学中如何调动学生学习的积极性是我首先要突破的难点

整节课我注意了教法的运用，改变了以往的教学方式，教学目标较清楚，学生的意志品质、合作意识、自信心、想象力等方面都得到了锻炼。不足之处：有个别学生没有很好地掌握车轮跳的节奏，还有一些学生不愿意主动和伙伴配合，在对学生合作意识上要加强引导

《脚背正面接球》教学设计

张俏珍

教学案例基本信息				
融入的教学环节	蹴鞠游戏与主教材的结合			
开始时间	3 分钟	结束时间	37 分钟	
学科	体育	学段	高年级段	年级 五年级
案例名称	蹴鞠游戏提高小足球基本技术			

教材	书　名：体育与健康 出 版 社：人民教育出版社 出版日期：2002 年

教学案例设计参与人员

分工（可修改）	姓名	单位	联系方式
设计者	张俏珍	通州区永顺镇中心小学	——
实施者	张俏珍	通州区永顺镇中心小学	——

教学背景分析

一、教材分析

　　这节课的主教材是小足球——"脚背正面接球"，脚背正面接球也叫停球，停球不是目的，主要为下面的传球、带球和射门等技、战术服务。该内容不仅可以提高学生的控球能力，同时对提高学生的灵敏、协调、力量等身体素质也有促进作用，并且对培养学生主动迎球有积极的影响。本课为第 2 次课，在让学生认识体验脚背正面接球的基础上，运用了传统体育游戏——蹴鞠的比赛方式进行足球技能的练习，大大增加了组织形式的多样性，提高学生学习足球的兴趣。蹴鞠比赛规则各不相同，双方队员人数要求相等但数量没有统一规则，球门设在中间，充分利用蹴鞠的比赛方式开展小足球比赛，学生在游戏活动中能够灵活运用足球技术

二、学情分析

　　五年级学生体育运动技能虽然有差异，但学生总体身体素质都比较好，组织纪律性和集体荣誉感很强，有比较强的思维能力、创造力，善于学习，加上男生特别喜欢足球，本课教学中设计了传统体育游戏活动，循序渐进、层层深入，充分挖掘每个学生的潜在能力，充分发挥学生的主体作用，更好地促进学生努力达到教学目标

传统体育融入的目的

　　传统体育游戏具有其较强的趣味性、灵活性、健身性等特性，从体育课目标出发，有针对性地选择与主教材相搭配的民族传统体育游戏，既活跃了课堂气氛，又利用游戏激发学生对体育课的兴趣，从而提高学校体育课堂的教学效率

教学目标

　　1.进一步学习小足球——"脚背正面接球"技术，并且开展蹴鞠游戏活动提高学生的小足球的技术水平及灵活运用的能力

　　2.通过学习，大部分学生能够掌握脚背正面接球技术，发展学生的下肢力量、灵敏、速度、协调等身体素质

　　3.通过学习和比赛活动，培养学生勇于进取、互帮互助、团结协作的优良品质

教学重点：判断准确，脚触球后下撤力量适宜

教学难点：判断来球的时机与后撤时机的配合

教学过程

教学阶段	教师活动	学生活动	传统体育融入的方式	融入意图	时间安排
开始部分	1.集合整队、清点人数 2.师生问好 3.宣布本课任务及要求 4.安排见习生 5.队列练习	1.体委整队，报告人数 2.师生问好 3.认真听讲 4.按要求进行练习	宣布本课任务时简单介绍蹴鞠游戏，并观看蹴鞠比赛相关的照片	引导学生了解学习的内容，激发学生学习的兴趣	2分钟

准备部分	1.教师指引进行慢跑活动 2.引导学生进行足球相关的运动操 3.带领学生做踩球、托球的小练习	1.学生进行慢跑活动 2.学生听口令进行运动足球操的练习		
基本部分	一、脚背正面停球 动作要领：判断来球方向，身体重心放在支撑脚上，膝关节微屈，停球腿提起迎球，脚背正面对准来球，当脚与球接触前的刹那下撤，缓冲来球力量，使球落在体前需要的位置 （一）无球练习 1.教师讲解、示范，并强调要点： 判断准确，脚触球后下撤力量适宜 2.原地做足球脚背停球的动作练习 3.走动中做足球脚背正面停球动作 （二）有球练习 1.脚背触球练习，一颠一停，用脚背正面接球 2.组合技术练习，两人一组，一人用脚踢出不同高度，另一人用脚背正面停球，并及时做出设想的下一个动作 3.教师巡场指导	1.学生认真观察 2.学生间隔两米面对面站立进行模仿练习 3.两人一组行进中进行练习 4.自己颠球，然后停球练习 5.两人一组进行练习 6.学生进行展示，相互观察，相互改进提高 7.学生认真听讲，积极参与游戏活动 8.小组合作，灵活使用自己掌握的足球技术 9.小组自行评价、组与组之间互相评价	展示蹴鞠游戏的图片，营造学习的氛围	营造学习的氛围	3分钟

基本部分	二、拓展游戏：蹴鞠比赛 游戏方法：将学生分成甲、乙两组，各组人数相等（数量可以自行增减），比赛开始时甲组学生运用颠球、传球、停球等技术将球踢过球门传给乙组，乙组接球后同样运用这些技术将球传回给甲组，传递过程中不掉球，通过球门次数多的队获胜 教师讲解游戏方法、规则，根据学生完成的情况调整游戏规则； 总结，评价		组织蹴鞠比赛：按照蹴鞠比赛的方式，运用之前学过的足球技术参与比赛	激发学生的学习兴趣，通过游戏提高学生足球颠球、传球、停球的基本技术	10分钟
结束部分	1. 组织学生进行放松小活动 2. 总结本课完成情况以及技术的要点 3. 安排学生收拾器材 4. 师生行礼	1. 学生听教师口令进行放松小练习 2. 认真听教师的反馈信息，并回忆学习内容的要点 3. 帮助教师回收器材		

学习效果评价

依据蹴鞠比赛的方式判定胜负，学生的竞争意识很强，都希望取得好的成绩，因此对颠球和运球的要求更高，再通过本节课脚背正面停球技术的学习后，大部分学生能够一起合作将球踢过"风流眼"传递给对面的小组取得一分的胜利。另外，学生观看古代蹴鞠比赛的图片后，对蹴鞠文化有了一定的了解，丰富了体育课的内容，也促进了体育传统文化的传播

本教学设计与以往未使用教学设计相比的特点（300~500字数）

本节课要求学生使用多种足球技术，这考验了学生对三、四年级时学过的足球技术的掌握情况，增强了学生的好胜心和灵活运用足球技术的能力，及在比赛过程中的临场发挥能力。结合学校的实际情况，在现有的云梯上安置了呼啦圈充当蹴鞠游戏中的"风流眼"，注重教学资源的开发和利用，丰富了学生的体育活动，激发了学生参与体育锻炼的兴趣

教学反思

这节课以小足球的正脚背停球为基本内容，在教学过程中融入了传统体育游戏——蹴鞠的内容，从游戏比赛开始，少了一些刻板的训练内容，突出了快乐的情境。学生在上课过程中，感受到了自由的空间和与球亲密接触的空间，同时了解了古代蹴鞠游戏的历史来源、发展以及蹴鞠对现代足球发展的影响，也是对中国传统体育文化的一种传承。通过足球基本技术的学习，然后在游戏环节中的实践，提高了学生控制球的能力，也提高了学生对足球的兴趣爱好，增强了集体竞争意识。但是本课也存在一些不足，场地不足以容纳6组同时比赛、"风流眼"的位置和大小还有优化空间、蹴鞠游戏的内容可更多地融入体育课的各个环节等，这些问题还有待研究

《脚内侧推踢球》教学设计

毕超

教学案例基本信息				
融入的教学环节	准备部分、基本部分			
开始时间	0	结束时间	40分钟	
学科	体育	学段	水平二	年级	四年级
案例名称	脚内侧推踢球			
教材	书　　名：体育与健康 出 版 社：人民教育出版社 出版日期：2002 年			

教学案例设计参与人员			
分工（可修改）	姓名	单位	联系方式
设计者	毕超	通州区永顺镇中心小学	——
实施者	毕超	通州区永顺镇中心小学	——

教学背景分析
1.教材分析 脚内侧推踢球，是短距离传地面球的最可靠的技术，准确性较高，多用于队友间中短距离传球。通过练习可以增强学生的身体协调能力，提高灵敏、速度、力量等身体素质 学生在 1~3 年级体育课上，学习了小足球入门游戏，为本课的学习奠定了基础，也为今后学习足球技术及比赛打下良好基础 2.学生情况分析 四年级学生身体素质良好，对足球运动兴趣浓厚，从学生的认知水平和身体素质上看，已经具备了学习脚内侧推踢球技术的能力。他们在学习了颠球、盘球、拖球等技术的基础上，进行本次课学习

传统体育融入的目的
1.促进特色校园体育文化的形成，有利于传统体育文化的传承 2.激发学生参与体育锻炼的兴趣，有利于终身体育意识的养成 3.培养学生民族自豪感，有利于学生的德育培养 4.提高学生身体素质，有利于学生强健体魄

续表

教学目标

1. 初步学习小足球——脚内侧踢球，使 95% 以上的学生了解正确的踢球方法

2. 通过小足球的学习，70% 的学生能正确掌握踢球时支撑脚的位置、击球脚的部位和方法以及击球的部位，锻炼学生的下肢力量和身体协调性、灵敏性

3. 增强学生的自信，培养学生的团结合作能力，体验成功感，激发学生对足球运动的兴趣

教学重点：支撑脚位置，踢球腿的摆动，触球位置

教学难点：脚尖外展、踝关节紧张、大腿带动小腿摆动的协调动作

教法：讲解示范法、直观演示法、评价鼓励法

学法：观察法、模仿法、自主学练法、自我评价法

教学手段：挂图、竞赛、电教

教学过程					
教学阶段	教师活动	学生活动	传统体育融入的方式	融入意图	时间安排
开始部分 1.集合、整队、报数 2.师生问好 3.宣布本课内容 4.安排见习生 5.队列练习 要求：精神集中，动作整齐	1.指定集合地点 2.声音洪亮 3.清楚、简洁 4.细致、合理 5.教师组织学生练习 6.小结练习的情况	1.集合快、静、齐 2.整齐，一致 3.集中听清 4.服从安排 5.学生随教师口令练习	无	无	4分钟
准备部分 一、一般性准备活动 球操	1.教师带领学生做专项准备活动 2.教师带领学生一起练习，做不同的熟悉球性练习 3.明确脚内侧部位	1.学生和教师一起做准备活动 2.学生能够掌握练习动作 3.学生能够在练习的过程中熟悉自己脚的部位			6分钟
二、专项准备活动 踩球练习、双脚拉球练习、脚内侧拨球、踢毽子比多			踢毽子比赛：每人一个毽子，比一比，看谁在一分钟内踢得多	通过传统体育游戏踢毽子，训练学生身体的平衡和脚内侧踢毽的动作，进而提高脚内侧的球感	

基本部分				
一、脚内侧踢球动作 直线助跑，速度和距离要适宜，支撑脚踏在球侧方约一脚远，脚尖对准出球方向；踢球时，支撑腿的膝关节微曲，重心稍下降，摆动腿髋关节外展，使脚内侧对准球，以大腿带动小腿快摆击球；击球时，踝关节用力绷紧，以脚内侧击球的后中部；击球后随球跟进	1.教师指导学生进行游戏，引出脚内侧推踢球 2.教师示范并讲解脚内侧推踢球的动作方法 3.教师指导学生两人一组练习 4.教师组织学生观看挂图，重点讲解练习中出现的问题（脚触球部位），然后学生和老师一起将提示贴贴到脚背内侧 5.教师组织学生两人一组进行击固定球练习。一人练习一人评价脚触球部位是否正确 6.教师组织学生展示上一步的脚内侧推踢球练习 7.教师组织学生两人一组相距4米在没有提示垫的情况练习，教师巡视指导 8.教师组织优秀学生在相距6米的距离进行推踢球展示 9.教师进行评价	1.学生听讲 2.学生认真观察 3.学生认真练习 4.学生观看挂图，贴上提示贴 5.学生认真进行练习 6.学生上一步练习 7.学生相距4米练习 8.小组展示 9.学生认真听		27分钟

续表

二、挑扁担运球游戏方法：学生用自制扁担把足球运到指定的筐中，看哪一组最快、筐里的球最多	1. 教师讲解游戏方法 2. 教师提要求 3. 教师组织游戏并当裁判	1. 学生认真听讲，明确游戏方法 2. 学生明确要求 3. 学生进行比赛 4. 学生反思	学生用自制的扁担挑足球，能够快速地把扁担中的足球放入筐中，在保证跑动速度的同时足球不能掉出	挑扁担是一项兼具锻炼价值和趣味性的传统游戏，在游戏过程中不但可以培养学生的平衡性、肢体的协调性而且对学生上、下肢都有锻炼作用。是学生喜爱的一项体育游戏，可以培养学生锻炼兴趣，对培养学生锻炼意识有一定作用	
结束部分 一、放松整理 二、教师总结本课 三、师生再见，安排专人收器材	1. 教师带领学生进行放松 2. 教师小结 3. 师生再见，安排专人收器材	1. 跟随教师放松 2. 学生认真思考 3. 师生再见，收器材	无	无	3分钟

学习效果评价

根据本课学习的重点、难点，教学中采用教师评价与同伴评价相结合的方式。在第一阶段主要采用了学生自评的方式，第二阶段主要采用学生互评和教师评价的方式，在第三阶段主要采用了小组评价和教师评价的方式，预计本课练习密度为 35 左右 %，平均心率为 130 左右次 / 分

本教学设计与以往未融入传统体育教学设计相比的特点（300~500 字数）

1. 利用踢毽子比一比、赛一赛等的游戏方式提高学生练习兴趣，体验脚内侧的部位和感受脚内侧踢的技术特点，为主教材做好铺垫，以使学生能够顺利掌握脚内侧推踢球的动作要领

2. 通过提示贴和游戏传球的手段使学生更好地掌握脚内侧推踢球的技术

3. 传统体育游戏的融入，提高了学生对锻炼的兴趣，有利于培养学生终身体育的意识

教学反思

本课以健康第一为指导思想，注重学生对足球基本技术的掌握与实践应用，尝试运用新的教学理念和教学方法，充分强调学生的主体地位，注意发挥骨干学生的模范带头作用，在班内形成一个个强而有力的学习团队，使学生在愉快、团结的学练氛围中激发对足球的强烈兴趣，感受练习、比赛的快乐，并从中培养学生的坚强意志，协作竞争意识和创新精神